AF563395

Positives Denken

„Ich kann das nicht…“

Wie du negative Denkmuster durchbrichst und deine Gedanken ganz neu gestaltest

Stefanie Lorenz

Gender-Hinweis:

Eine Musterlösung, die allen Geschlechteridentitäten gerecht wird, gibt es zurzeit nicht. In diesem Buch wird überwiegend die weibliche Form verwendet. Die Inhalte betreffen jedoch alle Geschlechter.

Geschenk #1

Zitatesammlung

Gratis-Bonusheft!

Mit dem Kauf dieses Buches hast du ein kostenloses Bonusheft erworben. Dieses steht nur eine begrenzte Zeit zum Download zur Verfügung.

Das Bonusheft beinhaltet eine Sammlung an schönen, motivierenden und auch Mut gebenden kleinen Geschichten und Zitaten. Diese werden dich beim Lesen und auf deinem täglichen Weg zu einem erfüllten Leben begleiten. Sichere dir das Bonusheft noch heute!

Alle Informationen, wie du dir schnell das gratis Bonusheft sichern kannst, findest du am Ende dieses Buches.

Geschenk #2

Entspannung im Alltag

Mit dem Kauf dieses Buches hast du noch ein weiteres Bonusheft erworben.

In diesem Bonusheft findest du verschiedene Entspannungsmethoden, Meditationsideen und Affirmationen, die dich darin unterstützen können, wieder zu dir selbst zu finden. Sichere dir das Bonusheft noch heute!

Alle Informationen, wie du dir schnell das gratis Bonusheft sichern kannst, findest du am Ende dieses Buches.

Inhaltsverzeichnis

Einleitung

Hallo und sei herzlich willkommen! Schön, dass du da bist. Dieses Buch dreht sich um etwas, das uns alle in unserem Alltag begleitet, stetig, in jeder wachen Minute und mit ausschlaggebend dafür ist, wie wir uns und unsere Umwelt wahrnehmen, wie wir in ihr leben und wie wir mit anderen interagieren.

60.000.

Lass dir diese Zahl einmal auf der Zunge zergehen.

60.000.

Kannst du dir 60.000 Rosen vorstellen? 60.000 Fahrräder? 60.000 Euro? Eine beinah kaum vorstellbare Zahl, oder? Und eine sehr spannende noch dazu, gibt sie uns doch Auskunft über einen ganz besonderen Vorgang im menschlichen Dasein: 60.000 Gedanken gehen einem gesunden Menschen pro Tag durch den Kopf. Das macht etwa 2.500 Gedanken pro Stunde, wenn man davon ausgehen würde, dass man den gesamten Tag über wach ist - und das sind immer noch mehr als 40 Gedanken pro Minute.

60.000 Gedanken. Zur Referenz: Etwa 60.000 Menschen leben aktuell in Städten wie Stralsund oder Friedrichshafen. Wir können also besten Gewissens sagen, dass in unseren Köpfen ganz schön viel passiert.

Aber was passiert da genau? Und warum? Wie kann ich damit umgehen und gibt es Möglichkeiten, meine Gedanken zu verändern? Wieso sollte ich das überhaupt in Erwägung ziehen?

„Das Glück deines Lebens hängt von der Beschaffenheit deiner Gedanken ab.“

- Marc Aurel

Nicole liegt in ihrem Bett. Es ist schon weit nach Mitternacht, um sechs klingelt der Wecker, ihr Mann macht entspannte Schlafgeräusche neben ihr, aber für sie beginnt erst jetzt der tägliche beziehungsweise nächtliche Kampf: Ihr Kopf rattert. Sie wälzt immer und immer wieder das Gespräch heute in der Kantine und fragt sich, ob Kollegin Fischer ihre lustig gedachte Bemerkung vielleicht in den falschen Hals bekommen hat.

Die hat so komisch geguckt. Und dann nachher in der Sitzung haben auch zwei weitere aus dem Team nicht mal reagiert, als sie reingekommen ist. Ob das was mit dem Witz zu tun gehabt hat? Oder hat sie schon in der letzten Sitzung etwas Dummes gesagt? Das ist ihr ja schon mal im Studium passiert, da war es wochenlang höchst unangenehm in der Lerngruppe. Ach, nicht an so alte Kamellen denken. Das ist Vergangenheit. Nicht daran denken, es sind nur noch 5 Stunden bis der Wecker klingelt – und was ist, wenn es doch an ihrem Witz lag? Wie soll sie dann weiter dieses Projekt betreuen? Wenn sie keiner im Team mag?

Schluss jetzt, es ist wirklich Schlafenszeit. Aber ihr Kopf macht noch lange nicht Schluss.

Gestern waren es die Gedanken an die letzte Präsentation, die Nacht davor, die Frage, ob Pauline ihren Geburtstag wirklich so blöd fand, weil sie als Mutter versagt hat und die Nacht davor, was aus den Kindern werden soll, wenn sie und ihr Mann auch so viele Fehler in der Erziehung machen, wie die vorangegangenen Generationen.

Nicole kann fast den Wecker danach stellen. Sie kann noch eine Minute vorher mit ihrem Mann gescherzt, ihm liebevoll gute Nacht gesagt haben – sobald sie in der Stille in ihrem Bett liegt, springen die Gedanken wie von selbst durch ihren Kopf und lassen schier wahllos Themen aufpoppen, die sie um ihren Schlaf bringen. Nicht selten kommt sie dabei zudem noch vom Hölzchen auf Stöckchen und wenn dann morgens der Wecker klingelt, fühlt sie sich vollkommen zerschlagen.

Katja wiederum bekommt unerwünschten Gedankenbesuch immer dann, wenn etwas Besonderes, etwas Neues ansteht. Die Kinder wollen mit Freunden zum Kletterpark, das erste Mal. Katja will so gerne die coole Mama sein, die ja sagt, aber sobald sie darüber nachdenkt, tauchen vor ihrem inneren Auge die schlimmsten Horrorszenarien auf, in denen der Nachwuchs in der Regel immer mit lädierten Knochen im Krankenhaus landet.

Das gilt auch, wenn die Teenie-Tochter abends das erste Mal mit den Freundinnen zum Tanzen möchte oder der Gatte seinen heiß ersehnten Surfurlaub antreten will. Katja kann nicht aus ihrer Haut, auch wenn sie weiß, dass ihre Gedanken nur zu unangenehmen Diskussionen, Knatsch und schlechter Stimmung mit Mann und Kindern führen. Diese werfen ihr vor, sie einzuengen, zu schwarzmalerisch eingestellt zu sein und auch Katja selbst empfindet manchmal so.

Statt sich zu freuen, dass die beste Freundin sie zur Trauzeugin ernennt, macht sie sich Sorgen, wie die Rede vor der Hochzeitsgesellschaft wohl schiefgehen wird. Nachher versaut sie dem Paar noch ihren schönsten Tag – nein, das geht einfach nicht. Und das Angebot, die Abteilung zu leiten – was da alles falsch laufen kann. Die Gedanken prasseln nur so auf Katja ein, noch bevor sie sich überhaupt über das Angebot freuen kann. Das soll dann doch lieber die Antje machen, die ist sowieso schon viel länger dabei.

Sabines Laune ist gleich morgens auf dem Tiefpunkt. Die Kinder waren patzig, der Mann kurz angebunden, aber klar, ist ja Montag. Was soll sie da schon anderes erwarten?

Und auf die Frauen beim Elternabend hat sie heute so gar keine Lust, zig Frauen auf einem Haufen, da muss es ja Zickenkrieg geben. Und das Gespräch mit der Nachbarin wegen der Kehrwoche steht ja auch noch an, aber eigentlich kann sie sich das auch gleich sparen. Die wird sich sowieso wieder mit ihrer Arbeit rausreden wollen und klar, Sabine als Hausfrau hat ja eh nichts zu tun oder wie war das?

Ja, sie sollte nicht immer das Schlimmste von ihren Mitmenschen denken. Aber es bestätigt sich doch einfach immer wieder, oder? Mal ehrlich, wenn sie davon ausgehen würde, dass das heute Abend in der Schule ein Spaziergang wird, da veräppelt sie sich doch selbst. Ohnehin geht ihr das ganze Gerede von wegen positiver Einstellung auf die Nerven. Ist ja schön und gut, wenn man sich selbst motivieren möchte - aber wo bleibt denn da der Realismus?

Eine Beziehung ist nicht nur rote Rosen und Händchenhalten. Es ist Arbeit. Kinder großziehen bedeutet Schmutz und Krach und viel Undank. Ein Haus in Ordnung halten ist Arbeit. Menschen sind unfreundlich, und im Leben schenkt dir keiner was. Eine Ehe ist kein Rosengarten und Erwachsensein kein Ponyhof. So ist das nun mal. Und jeder, der etwas anderes behauptet, macht sich doch selbst was vor.

Hast du dich in einer der drei Frauen wiedererkannt? Vielleicht beobachtest du bei dir auch ähnliche Erlebnisse mit schlaflosen Nächten aufgrund von endlosen Grübeleien, Schmerzen im Bauch und abgesagten Terminen aufgrund von furchteinflößenden Zukunftsphantasien oder eine sehr düstere Grundstimmung, weil dein Ausblick auf die Welt eher entmutigend ist?

In diesem Buch wirst du mehr darüber erfahren, wie Gedanken unser Leben beeinflussen können, wie und warum es sich lohnt, sich mit seiner eigenen Gedankenwelt auseinanderzusetzen und wie du positiv auf deine Gedanken einwirken kannst für ein erfüllteres und stimmigeres Leben!

Neugierig geworden? Dann freue dich auf eine wunderbare und aufregende sowie erkenntnisreiche Reise in dein Inneres! Los geht’s!

Hinweis: Dieses Buch beschäftigt sich mit dem Themenkomplex Gedanken und auch, wie Gedanken dein Handeln und deine Stimmung beeinflussen können. Es kann dir Anregungen geben, wie du dich aus belastenden Gedankenmustern lösen kannst und es kann dir Tipps geben, wie du diese erkennen kannst. Dieses Buch ist ein wunderbares Hilfsmittel, wenn du dich selbst besser kennenlernen und dir und deinem Innenleben etwas Gutes tun möchtest. Allerdings ist es nicht dafür geeignet, eine therapeutische Unterstützung zu ersetzen, wenn du dich mit pathologischen Gedankenmustern auseinandersetzen musst. Bitte wende dich in diesem Fall an eine ausgebildete Fachkraft, etwa an einen Arzt oder an einen Therapeuten. Falls du bereits mit einer solchen Fachkraft zusammenarbeitest und dieses Buch als Unterstützung nutzen möchtest, halte bei Unsicherheiten am besten Rücksprache mit dieser Person. Überlegt gemeinsam, wie und wann in deinem Prozess dich die Lektüre dieses Buches am besten unterstützen kann.

Wie du dieses Buch nutzen kannst

Du kannst dieses Buch auf ganz unterschiedliche Weise für dich nutzen, etwa, wenn du mehr Informationen über das Thema Gedankenmuster und ihre Auswirkungen erhalten möchtest, wenn du Anregungen suchst, wie du störende Gedankengänge durch Angenehmere ersetzen kannst und wie du destruktive Gedankenmuster erkennen kannst.

Am besten ist es, wenn du das Buch von vorne bis hinten durchliest, weil die Informationen teilweise aufeinander aufbauen. Bist du gerade in einer stressigen Phase, kannst du natürlich auch nur die für dich relevanten Infos rauspicken.

Drohen dich Gedanken genau in diesem Moment zu übermannen, atme bitte einmal ganz tief durch und versuche, die Schultern etwas sinken zu lassen. Weiter hinten im Buch findest du hilfreiche Tricks und Techniken, mit denen du dieser Herausforderung in der akuten Situation begegnen kannst.

Die entsprechende Stelle im Buch kannst du dir auch als Erste-Hilfe-Seiten markieren, bis du die Techniken verinnerlicht und in dein Repertoire an hilfreichen Methoden für einen gelassenen Umgang mit kritischen Momenten integriert hast.

Wenn du sehr regelmäßig von deinen Gedanken übermannt wirst, kannst du auch erst ein paar der Übungen ausprobieren und diese eine Weile praktizieren, bevor du dich dem theoretischen Teil zu Beginn des Buches näherst oder dich mit den Themen auseinandersetzt, die sich um das längerfristige Ändern deiner Gedankenmuster drehen.

Bist du insgesamt ruhiger und sind deine Gedanken klarer, wird es dir leichter fallen, dich auf das Geschriebene einzulassen und mit den Informationen deine eigenen Gedankenmuster näher unter die Lupe zu nehmen.

> Wichtig: All die Informationen und Techniken, die du in diesem Buch findest, kannst du als Angebote verstehen. Nicht jedes Szenario, welches vorgestellt wird, mag auf dich zutreffen und manche Technik funktioniert für die eine Person besser als für die andere. Bediene dich an den dargestellten Inhalten wie an einem Werkzeugkoffer und achte immer darauf, dass du dich beim Lesen und Arbeiten mit diesem Buch wohlfühlst.

Du bist die Expertin für dich und dein Wohlbefinden – und auch wenn Personen oder Medien dich von außen auf deiner Reise zu dir und einer ruhigeren Gedankenwelt unterstützen und anregen können, ist deine Meinung die entscheidende!

Kleiner Tipp für die Arbeit mit diesem Buch: Lege dir ein kleines Notizheft zurecht, das du zur Hand nimmst, wenn du mit diesem Buch arbeitest. In dieses Heft kannst du die Antworten auf etwaige Fragen, Ideen oder auch wertvolle Erkenntnisse eintragen. Somit verflüchtigen sich diese nicht wieder direkt, wenn du in deinen hektischen Alltag zurückkehrst, sondern du kannst einfach wieder das Heftchen in die Hand und deinen Gedankenfaden aufnehmen. Eine solche Form der schriftlichen Unterstützung ist sehr gut geeignet, um dem eigenen Unterbewusstsein ein wenig auf die Sprünge zu helfen und sich seinem Inneren auf kreative und behutsame Weise zu nähern.

Wenn du magst, kannst du die wichtigsten Informationen aus den jeweiligen Kapiteln zusammenfassen, damit du diese auf einen Blick zur Verfügung hast, wenn du im stressigen Alltag mal eine kleine Gedankenstütze brauchst.

Vielleicht ist es zudem hilfreich für dich, wenn du dir hin und wieder notierst, wie du dich bei der Lektüre des Buches fühlst, ob du Veränderungen in deinem Denken bemerkst und wie sich diese auf dich und dein Wohlbefinden auswirken. So kannst du wunderbar nachvollziehen, welche Entwicklung du beim Lesen durchmachst. Denkbar ist auch, dass du dir notierst, wie welche der vorgestellten Übungen für dich funktionieren und welche du möglicherweise erst ein wenig später ausprobieren magst.

Wenn du dich aktiv mit dem Gelesenen auseinandersetzt, ist die Chance zudem höher, dass du die Informationen wirklich behältst und in dein Leben integrieren kannst. Von dem, was wir lesen, behalten wir in der Regel nämlich nur etwa 20 Prozent des Inhaltes.

Gedanken sind mächtig

„Den Dingen geht der Geist voran; der Geist entscheidet:
Kommt aus getrübtem Geist dein Wort und dein Betragen,
so folgt dir Unheil, wie dem Zugtier folgt der Wagen.

Den Dingen geht der Geist voran; der Geist entscheidet:
Entspringen reinem Geist dein Wort und deine Taten,
folgt das Glück dir nach, unfehlbar wie dein Schatten."

- Dhammapada

Wie bereits in der Einleitung erwähnt, denken wir den ganzen Tag – und das nicht gerade wenig oder selten, wenn wir uns die Zahl 60.000 noch mal vor Augen führen. Wir benutzen die Wörter *Gedanke* und *denken* regelmäßig im Gespräch mit anderen und können uns schon irgendwie etwas darunter vorstellen – aber was würden wir antworten, wenn wir gefragt werden würden, was denn nun eigentlich ein Gedanke ganz genau ist?

Im Online-Lexikon für Psychologie und Pädagogik von Stangl wird der Gedanke als „[...] das Ergebnis und eine Grundkomponente im Prozess des Denkens" bezeichnet. Weiter steht dort: „[...] d. h., ein Gedanke bezeichnet das, was gedacht wird, oder das Denken an etwas. Dabei kann ein Gedanke eine Meinung, eine Ansicht, ein Einfall, ein Begriff oder eine Idee sein."

Ferner wird zum Thema Gedanken angemerkt: „Gedanken dienen psychologisch betrachtet der Bewertung von Situationen sowie der Planung und Steuerung der Handlungen eines Individuums. Somit stellen sie eine immaterielle Vorstufe von Handlungen dar, die der Evaluation von Handlungskonsequenzen und letztlich der Selbsterhaltung dienen.“

Es werden verschiedene Arten von Denken unterschieden, die für verschiedene Bereiche im Leben genutzt werden. So werden in sogenannten psychometrischen Tests oder Eignungstests etwa die Stärke des abstrakten Denkens, des kreativen Denkens oder des räumlichen Denkens getestet.

Das räumliche Denken benötigst du beispielsweise, wenn du dein Auto parken oder einen Umzugswagen bestmöglich beladen möchtest, dein abstraktes Denken, wenn du Muster erkennen oder Arbeitsabläufe ergänzen sollst, das kreative Denken, um Informationen neu zu verknüpfen und somit vielleicht Lösungen oder neue Ansätze zu entwickeln.

Denken kann bewusst oder unbewusst stattfinden und ist nicht immer ergebnisorientiert oder auf das Lösen einer bestimmten Aufgabe ausgerichtet. Sprachlich machen wir auch einen Unterschied, wenn wir beispielsweise sagen, „Wir denken über etwas nach, wir durchdenken etwas“ oder „Uns kam da einfach ein Gedanke“.

Beim ersten Vorgang wollen wir durch unser Denken aktiv etwas erreichen, der Prozess ist bewusst und mitunter von uns direkt eingeleitet worden, um ein Problem zu lösen oder Klarheit zu erzeugen. Aussagen wie „Da kam uns ein Gedanke“, „Ich musste da in der Situation automatisch an xy denken“, „Mir flog ein Gedanke zu“ oder „Ich kann den Gedanken nicht fassen!“ zeigen, dass auch andere Formen des Denkens möglich sind, die eher zufällig, unbewusst und nicht direkt kontrollierbar oder automatisiert sind.

Prinzipiell ist es für Menschen sehr nützlich, dass im Gehirn auch kognitive Prozesse stattfinden, die nicht direkt bewusst wahrgenommen werden. Sie sind beispielsweise sehr hilfreich, wenn es darum geht, schnell reagieren zu müssen: Stelle dir vor, der Nachbarshund hüpft vom Gehweg vor dein Auto. Du wirst blitzschnell reagieren und dem Tier ausweichen, um es nicht zu verletzen. Müsstest du erst einen aktiven Denkprozess ablaufen lassen, wärest du zu keinen schnellen Entscheidungen fähig. Ein innerer Zensor filtert, welche Gedanken in dein Bewusstsein treten und welche im Verborgenen arbeiten.

Hast du zum Beispiel total Appetit auf Kuchen, und bist in Gedanken schon in der Konditorei und lässt die Auswahl der verlockenden Törtchen vor deinen Augen ablaufen, werden diese Gedanken sofort zurückgedrängt, wenn du in die Hund-Auto-Situation gerätst.

Alle Gedankenimpulse auf einmal bewusst zu verarbeiten, wäre zu anstrengend, daher trifft dein Gehirn in der Regel schon unbewusst eine Auswahl für dich. Entschieden wird meist danach, was für deine aktuelle Situation als am sichersten, am dringlichsten oder hilfreichsten interpretiert und dann an dein Bewusstsein weitergeleitet wird, damit du darauf reagieren kannst. Deshalb verschwindet deine Vorfreude auf den Kuchen in der Sekunde, in welcher du mit der Gefahr konfrontiert wirst, dass dir der Hund vor den Wagen laufen könnte. Natürlich hast du deine Begeisterung für süße Leckereien nicht verloren, aber aktuell ist eine andere Reaktion bedeutend dringlicher und somit rücken die Gedanken an Kuchen ganz weit in den Hintergrund.

Dieses Wissen ist wichtig, denn wir Menschen neigen dazu, nicht nur unmittelbar gefährliche Dinge als extrem dringlich einzustufen, sondern können aufgrund von Ängsten und Unsicherheiten auch eher banalen oder in Wirklichkeit gar nicht so schlimmen Dingen diesen Status zugestehen. In solchen Fällen verdrängen dann die Gedanken daran andere, weil dein Kopf diese eben als akut einschätzt und deine ganze Aufmerksamkeit auf eine potenzielle Gefahrenquelle oder einen möglichen Konflikt lenken möchte.

Mittlerweile ist bekannt, dass der Verstand mitunter Wissen aufnehmen und verarbeiten kann, ohne dass gedanklich ein aktiver Lernvorgang angestrebt und ausgeführt wird. „Das ging wie von selbst/nur vom Hinschauen/als hätte ich nie was anderes gemacht/ganz aus dem Bauch heraus.“

Diese unbewusste Aufnahme von Wissen kann sowohl bei nützlichen Dingen als auch bei dir weniger förderlichen geschehen. So kannst du beispielsweise unterbewusst merken, welche Denkmuster in welcher Gruppe kommuniziert werden und in dieser Gruppe zu Ansehen und sozialem Erfolg führen werden. Nicht selten neigen Menschen dann dazu, diese Denkmuster und das sozial erwünschte Verhalten zu kopieren – auch wenn es möglicherweise gar nicht mit dem übereinstimmt, was sie nach eigenem Nachdenken für richtig befinden würden.

Das unbewusste Denken wird üblicherweise dann genutzt, wenn es um schnelle oder routinemäßige Entscheidungen geht oder wenn wir mit einer großen Masse an Fakten konfrontiert werden. Wir verlassen uns auf unsere „Intuition“, weil ein bewusstes Durchdenken zu lange dauert oder gar nicht erst möglich ist.

Wenn wir hingegen ein konkretes Problem lösen, durchdenken wir es in der Regel bewusst – vielleicht sogar mit einer Denkhilfe wie einer Pro-Contra-Liste oder einer Mind-Map. Wir nehmen gedanklich verschiedene Positionen ein, werfen einen Blick auf die Fakten, versuchen vielleicht, diese auf ihren Wahrheitsgehalt zu überprüfen und unternehmen je nach Thema noch viel mehr an gedanklicher Anstrengung, um zu einem befriedigenden Ergebnis zu kommen.

Auch eine Kombination beider Denkweisen ist möglich, etwa, wenn das Problem sehr umfassend ist oder wir nicht alle Informationen dazu haben – dann durchdenken wir das Ganze bewusst und ergänzen es mit unserem „Bauchgefühl“, einer für uns nicht immer erklärbaren Bevorzugung von einer Handlungsoption. „Das fühlt sich so einfach richtig an. Ich kann es nicht erklären, aber ich weiß, dass es so ist.“

Dass das Thema Denken und Gedanken sehr komplex ist, lässt sich an den unterschiedlichen Annäherungsversuchen erkennen, mit denen sich die Wissenschaft mit diesem Themengebiet auseinandersetzt. Je nachdem, von welcher Warte man sich dem Phänomen Gedanken nähert, lassen sich unterschiedliche Schwerpunkte bei der Betrachtung ausmachen.

Aus physiologischer Sicht relevant ist, dass Gedanken durch sogenannte neurophysiologische Abläufe im Gehirn entstehen. Dieser Vorgang wird auch als Denken bezeichnet. Somit ist das Entstehen der Gedanken via der neuronalen Prozesse im Gehirn messbar.

Aus psychologischer Sicht von besonderer Bedeutung ist der Umstand, dass wir Menschen mittels unserer Gedanken Situationen einschätzen und bewerten und unsere Handlungen planen. Deshalb werden Gedanken auch als eine Art Vorstufe von Handlungen gesehen.

Vielleicht kennst du den bekannten Spruch: „Achte auf deine Gedanken, denn sie werden zu Worten. Achte auf deine Worte, denn sie werden zu Handlungen. Achte auf deine Handlungen, denn sie werden zu Gewohnheiten. Achte auf deine Gewohnheiten, denn sie werden dein Charakter. Achte auf deinen Charakter, denn er wird dein Schicksal." Dieser Spruch zeigt bereits auf, dass eine sehr enge Verknüpfung zwischen Gedanken, Sprache und Handlungen besteht und die Gedanken somit maßgeblich an der Entstehung des eigenen Charakters und Lebensglückes beteiligt sein können.

Lass das Gelesene bitte einen kurzen Moment auf dich wirken. Wenn du magst, nutze folgende Fragen zur Reflexion:

- Waren in dem Gelesenen ein paar neue Informationen dabei, die dich erstaunt haben?
- Was kommt dir als Erstes in den Kopf, wenn du an den Prozess des Denkens denkst?
- Was bedeutet für dich nachdenken?
- Durchdenkst du Dinge eher oder entscheidest du aus dem Bauch heraus?

- Hast du schon mal bemerkt, dass die Art wie du sprichst, deine Gedanken beeinflusst hat oder du damit jemand anderen beeinflusst hast?
- Wie verändert sich dein Handeln, wenn sich deine Gedanken zu einem Thema ändern?
- Hast du dich bisher mit deinen Gedanken beschäftigt oder sie einfach als gegeben hingenommen?
- War dir bewusst, dass eine so enge Verknüpfung zwischen Gedanken, Sprache und Handlungen besteht?

Wie beeinflussen uns unsere Gedanken?

Leider können wir uns unser Verhalten nicht mit einem komplett linearen Prozess erklären. Es ist nicht so, dass wir uns aktiv vornehmen, ein Problem zu durchdenken, dann eine Handlung überlegen und diese Handlung anschließend ausführen – vollkommen unbeeinflusst von den Dingen und Personen um uns herum.

Die Zusammenhänge sind deutlich komplexer, denn unser Unterbewusstsein ist bei diesem Vorgang ganz maßgeblich beteiligt.

An der Universität Utrecht wurde festgestellt, dass sich Menschen beispielsweise durch die bloße Ansicht von Dingen oder Worten, also von optischen Reizen, in ihren Entscheidungen und ihrem Verhalten beeinflussen lassen: So löste der Anblick einer Geldbörse im Arbeitsraum ein größeres Konkurrenzverhalten unter den Mitarbeitenden des Teams aus.

Auch andere Sinnesreize können das Denken und Handeln beeinflussen: Roch die Raumluft am Aufenthaltsort der Probanden leicht nach Reinigungsprodukten, hielten die Teammitglieder ihre Arbeitsbereiche sauberer und aufgeräumter, als wenn die Luft diesen Geruch nicht aufwies.

Wir sind den ganzen Tag Reizen aus der Umwelt ausgesetzt und auch unsere Erfahrungen, die wir in unserem bisherigen

Leben gemacht haben, sowie die Überzeugungen, die uns in unserer Kindheit vermittelt wurden, können dazu führen, dass unsere Gedanken beeinflusst werden.

Ferner haben wir bereits erfahren, dass wir nie alle Gedanken, die wir haben, zeitgleich aktiv und bewusst verarbeiten können. Das würde unsere Kapazitäten bei Weitem übersteigen. Um eine Überforderung zu vermeiden, muss also eine Form von Auswahl stattfinden, damit wir mit der Gedankenmenge gut zurechtkommen können. Bereits unsere Wahrnehmung ist durch unsere Sinnesorgane schon sehr selektiv. Es findet eine Auswahl der Reize statt, die wir wahrnehmen und mit denen wir uns gedanklich beschäftigen.

Selbst wenn wir uns nach bestem Gewissen anstrengen würden, wären wir niemals dazu in der Lage, diese Auswahl zu treffen und alle Reize unserer Umwelt auf einmal aufzunehmen und zu verarbeiten. Bereits durch die Selektion über die Sinnesorgane findet eine Veränderung unserer Umgebung statt – zumindest im Bezug darauf, wie wir sie erleben.

Erinnerst du dich noch an Katja aus dem zweiten Beispiel? Sie macht sich unheimlich viel Sorgen bezüglich der Zukunft und gerät in regelrechte Katastrophenfantasien, in denen immer nur das Schlimmste vom Schlimmsten eintreten wird. Dadurch wird auch die Art und Weise, wie sie ihre Welt wahrnimmt, beeinflusst.

Das zeigt sich zum Beispiel bei ganz normalen Aktivitäten, wie einem Familienausflug in den Kletterpark: Denn während andere Menschen beim Anblick eines Kletterparks beispielsweise die schönen Bäume sehen, oder das Licht, wie es durch das Grün des Blätterdachs fällt und die vielen stolzen und vergnügten Gesichter der anwesenden Kinder und Erwachsenen, sieht Katja steile Hindernisse, verdächtig aussehende Aufhängungen und möglicherweise zu altersschwache Karabinerhaken.

Die Szenerie hat sich nicht verändert, aber bedingt durch ihre bewussten und unterbewussten Gedankenprozesse zeigt sich

Katja ein ganz anderer Ausschnitt der Umgebung als einem Menschen, der sich auf den Familienausflug in den Kletterpark einfach nur freut und mit einem positiven Mindset in die Situation geht.

Diese Form der Selektion führt zu einem regelrechten Übersehen von all den Dingen, die den Tag im Kletterpark zu einem schönen und verbindenden Erlebnis machen könnten. Bedingt durch ihre Gedanken achtet Katja einfach auf alles, was zu ihrem Gedankenmuster der potenziellen Gefahr in der Zukunft passen könnte und blendet all das aus, was für diesen unterbewussten Suchauftrag unbedeutend ist.

Die Fülle an Sinneseindrücken ist weiterhin vorhanden. Katja könnte sich an dem Aufjauchzen ihrer Kinder erfreuen, horcht allerdings nur ängstlich darauf, ob da vielleicht ein unterdrückter Angstschrei mit einfließt, ob die Kleinen sich wehgetan haben und es nur überspielen wollen oder sonst irgendetwas Schreckliches passiert.

Natürlich nimmt Katja sich das nicht aktiv vor. Sie möchte hingegen sogar gerne die coole Mama sein, die auch mal was ausprobiert und mit der man seinen Spaß haben kann. Aber ihre Denkmuster sind so eingefahren und automatisiert, dass ihr Blick auf die Welt stetig davon bestimmt ist. Dies spiegelt sich auch in ihrem Verhalten wider. Während die anderen Eltern vielleicht mit über die Hindernisse toben, die sportliche Herausforderung genießen oder Freude an der Freude ihrer Kids haben, überwacht Katja den Nachwuchs mit Argusaugen, verunsichert sie möglicherweise mit ständigen Ermahnungen, vorsichtig zu sein, fragt nach oder ist den Kindern „einfach nur peinlich“.

Klar, jedes Elternteil möchte, dass es den Kindern gut geht und dass sie sicher und wohlbehalten durch den Tag kommen. Herausforderungen, Stück für Stück alleine meistern zu können und über sich hinauszuwachsen, sind jedoch wichtige und wertvolle Erfahrungen, die beim Ausbilden der eigenen Persönlichkeit wichtig sind – das weiß Katja.

Aber sie erlebt immer wieder aufs Neue eine Diskrepanz zwischen dem, was sie eigentlich vom Verstand her weiß und dem, was sie trotzdem denkt. Diese scheinbar vollkommen paradoxe Situation hat sicher jede von uns schon mal erlebt und wer sich mit ungesunden Denkmustern plagt, kommt mitunter sogar regelmäßig in eine solche Bredouille. Wie ist das bei dir?

- Kommst du auch manchmal in Situationen, in denen dir etwas vom Verstand vollkommen klar ist, du aber trotzdem anders denkst und handelst?
- Nervt dich dein Denken manchmal?
- Wird dir von anderen aufgezeigt, dass da Dinge nicht zueinander passen, dass eine Diskrepanz herrscht?
- Bemerkst du Muster bei deinem Denken, die du als beengend oder hinderlich wahrnimmst?
- Wird dir manchmal bewusst, dass du selektiv denkst?
- Wovon werden deine Auswahlprozesse gesteuert?
- Worauf legst du den Fokus, wenn du in die Welt hinausgehst? Spaß, Gefahrenvermeidung, gutes Ansehen?

Denken und Sprache

Die Sprache spielt ebenfalls eine wichtige Rolle, wenn es um das Ausgestalten unserer Denkprozesse geht. So erleben beispielsweise Menschen, die eine zweite Sprache im Erwachsenenalter erlernt haben, dass sie, wenn sie in dieser zweiten Sprache fluchen, weniger unter Stress gesetzt werden und die Denkmuster nicht so heftig ablaufen, wie wenn sie in ihrer Muttersprache fluchen.

Erklärt wird dies unter anderem damit, dass wir in unserer Kindheit für das Verwenden von Schimpfwörtern gerügt oder sogar bestraft wurden und wir diese Erfahrungen eng mit diesen Wörtern verknüpft haben. Wir denken diese Erfahrung nicht bewusst mit, aber sie spielt sich unterbewusst ab und hat

Auswirkungen auf uns. Das zeigt sich auch darin, dass wir mitunter von einer Sprache in die andere wechseln, wenn wir unseren Emotionen einen besonderen Ausdruck verleihen möchten.

Menschen, die zwei Sprachen sprechen, erleben mitunter, dass sie in der einen Sprache viel besser rational denken können, während die andere ihre romantische oder emotionale Seite berührt.

Hast du schon mal gehört, dass dir jemand gesagt hat, du wärst ganz anders, wenn du Spanisch sprichst? Du würdest dich ganz anders geben, seist offener und geselliger? Das hat nichts mit Verstellen oder künstlichem Verhalten zu tun, sondern wurde bereits erforscht. Menschen bemerken, wie sich der Ton ihrer Stimme und ihr Verhalten ändern, dass sie mit den Wörtern, die in einer Sprache zur Verfügung stehen, offener, freier, assoziativer oder nüchterner denken oder bestimmte Themenkomplexe ausführlicher in ihrem Kopf abhandeln können und dass sie sich auch in ihrem sozialen Verhalten deutlich anders präsentieren, als es in einer anderen Sprachwelt der Fall sein kann.

Die Art, wie Leute sprechen, kann auch beeinflussen, wie wir bestimmte Phänomene wahrnehmen, etwa die Zeit. In einigen Sprachen werden Zeiträume ihrer Länge nach beschrieben, wie auch bei uns im Deutschen: Ein Meeting wurde beispielsweise unnötig in die Länge gezogen. In anderen Sprachen ist die Zeit viel oder wenig. Das Meeting dauert den Teilnehmenden nicht „zu lang“ – es war „zu viel“. Auch die Art und Weise, wie wir unsere Worte verschriftlichen, kann das Denken steuern. So wurde beispielsweise in Versuchen festgestellt, dass Personen, die von links nach rechts schreiben auch den Ablauf der Zeit von links nach rechts wahrnehmen. Wenn du einen Zeitstrahl malen solltest, würdest du ihn vermutlich auf der linken Seite des Blattes beginnen lassen und an der rechten Seite würdest du das Ende markieren.

Zudem lassen uns Klänge und Wörter an bestimmte Qualitäten denken: Wir verbinden mit manchen Lauten eher weiche, runde Dinge. Bei manchen Buchstabenkombinationen denken wir an kleine oder feine Dinge. Wörter mit einem „i“ erscheinen uns sehr freundlich – meist assoziieren wir damit etwas Kleines, Junges oder Zartes. So ist es kein Wunder, dass viele Verniedlichungen und Spitznamen auf einem „i“ enden und kleine Tiere häufig einen Namen mit einem „i“ erhalten, während große und mächtige Tiere Namen mit einem „O“ oder „A“ verliehen bekommen.

Diese Assoziationen sind laut aktuellen Forschungen bei den meisten Menschen ähnlich, unabhängig davon, welche Sprache sie sprechen.

Es geht aber noch weiter: Sprache beeinflusst auch, an wen wir denken!

Mach einfach mal selbst den Test: Stell dir ein Foto eines Parteitages vor, das untertitelt ist mit der Phrase „81 Politiker kommen zum Parteitag zusammen.“

Wen stellst du dir auf dem Bild vor? Wenn du magst, kannst du es kurz aufzeichnen oder ein paar Worte aufschreiben.

Würdest du auf die Idee kommen, dass an diesem Parteitag 80 weibliche und eine männliche Person teilgenommen haben? Vermutlich nicht.

Forschungen zum Thema genderneutrale Sprache haben gezeigt, dass die Verwendung des generischen Maskulinums dazu führt, dass Frauen nicht mitgedacht werden und bei einem Zeitungsartikel mit der Überschrift „Ärzte retten Leben“ automatisch von Männern ausgegangen wird. Durch die Verwendung dieser Sprachform verschwinden Frauen als aktive Teile der Gesellschaft einfach aus dem Sprachraum und den Unterhaltungen.

Sehr eindrucksvoll gezeigt wurde das auch in Versuchen, in denen Kinder aufgefordert wurden, Ärzte, Astronauten oder Polizisten zu malen. Größtenteils wurden männliche Vertreter dieser Berufsfelder auf Papier gebracht, weil die Kinder eben nicht – wie oft fälschlicherweise argumentiert – Frauen mitdenken, sondern den Eindruck bekommen, dass nur Männer genannt werden und somit eben auch nur Männer in diesen Berufen tätig sind. Das kann sich sogar dahingehend auswirken, dass die Berufswahl der Kinder dadurch beeinflusst wird, weil eben im öffentlichen Bewusstsein Astronautinnen, Pilotinnen und Ärztinnen weniger vertreten sind und es somit keine denkbare Option für Mädchen ist, einen solchen Bildungsweg einzuschlagen. In ihren Büchern und Hörspielen kommen eben nur Erzieherinnen, Lehrerinnen und Sekretärinnen sowie Verkäuferinnen vor.

Es wurden Experimente durchgeführt, die zeigen, dass Menschen sich aufgrund von bewusst gewählten Wörtern anders erinnern. Vielleicht hast du schon mal von dem Versuch gehört, bei dem den Testpersonen ein Video von einem Autounfall gezeigt wurde. Später wurden die Testpersonen in zwei Gruppen eingeteilt und mussten den Unfallhergang schildern. Die eine Gruppe wurde mit neutralen Worten zu der Nacherzählung des Unfallherganges aufgefordert, die andere wurde mit der Bitte bedacht, zu erzählen, wie die Autos aneinander zerschmettern! Dieses sehr ausdrucksvolle Wort weckte bestimmte Assoziationen bei den Teilnehmenden und viele berichteten von zerschmettertem Glas bei den Unfallwagen, obwohl auf dem Video nichts dergleichen zu sehen war.

Die Sprache trägt also maßgeblich dazu bei, wie wir unsere Welt durch unser Denken konstruieren, welchen Eindruck wir von ihr vermittelt bekommen, wie wir uns erinnern und wie wir unser Denken nach außen transportieren können.

- Hast du bereits ähnliche Erlebnisse gemacht?
- Sprichst du eine andere Sprache und hast das Gefühl, dass du in dieser bestimmte Themen besser durchdenken kannst?
- Wenn du mehrere Sprachen sprichst, verändert sich dann dein Auftreten und Handeln, wenn du zwischen ihnen wechselst?
- Hast du schon mal erlebt, dass du durch das generische Maskulinum eher an Männer gedacht und Frauen in bestimmten Positionen ausgeklammert hast?

- Hat dich das möglicherweise sogar in deiner Berufswahl beeinflusst?
- Fühlst du dich durch deine Sprache in deiner Gemeinschaft repräsentiert oder hast du das Gefühl, weniger gesehen zu werden?
- Wie wirken Wörter auf dich und die Weise, wie du über Personen oder Situationen nachdenkst?
- Welche Wörter haben eine sehr starke Wirkung auf dich?
- Bevorzugst du Wörter mit bestimmten Buchstabenkombinationen?
- Ist dir bewusst, dass bestimmte Buchstaben gezielt im Marketing eingesetzt werden, um beim Kunden gewisse Assoziationen zu wecken?
- Gibt es bestimmte Worte, die sofort Emotionen in dir aufsteigen lassen und die sich somit sofort auf dein Denken auswirken?

Denken und Verhalten

„Bevor wir wissen, was wir tun, müssen wir wissen, was wir denken."

- Joseph Beuys

Mit dem Denken das Leben lenken – ist das wirklich so?

Die Forschung versteht Denken als Vorstufe des Handelns und sieht eine enge Verknüpfung zwischen diesen beiden Vorgängen. Hast du schon mal vom ***Pygmalion-Effekt*** gehört? Oder dir ist die Bezeichnung ***selbsterfüllende Prophezeiung*** geläufiger: Dabei wird angenommen, dass eine Person, weil sie von einer bestimmten Sache ausgeht, maßgeblich dazu beiträgt, dass diese eintrifft.

Sabine aus unserem dritten Beispiel geht davon aus, dass das Gespräch mit der Nachbarin wieder unbefriedigend verlaufen und diese sich herausreden wird, wenn das Thema Kehrwoche angesprochen wird. Möglicherweise führt das dazu, dass Sabine im Gespräch mit der Nachbarin gar nicht richtig zuhört, sie eine ablehnende Haltung zeigt oder schon vorwegnimmt, dass die Nachbarin die Kehrwoche wohl wieder nicht schafft und sie das dann halt wieder selbst übernimmt – auch wenn eigentlich noch gar nicht zu 100 Prozent vorauszusehen ist, wie sich die Nachbarin verhalten wird.

Dieser Ansatz lässt sich auch prima auf frisch Verliebte übertragen. Ist dir schon mal aufgefallen, wie wundervoll die Welt ist, wenn du frisch verliebt bist? Das liegt nicht daran, dass die Welt plötzlich eine andere ist oder sich alle Probleme in Luft aufgelöst haben – aber du trägst die berühmte rosarote Brille, setzt einen anderen Fokus und deine Gedanken drehen sich um lauter erfreuliche Sachen – hier wären wir wieder beim Stichwort Selektivität.

Aufgrund deiner gedanklichen Auswahlprozesse gehst du ganz positiv auf andere Menschen zu, nimmst unangenehme Situationen weniger krumm und hast eine ganz andere Ausrichtung und einen anderen Fokus. Dein innerer Kompass/dein Denken ist ganz auf Liebe, Glück und Wohlfühlen eingestellt und alles andere verblasst dagegen mehr oder weniger. Du bist möglicherweise nachgiebiger, großzügiger und sanfter, was wiederum dazu führt, dass dein Umfeld positiver auf dich reagiert.

Du aber wirst das möglicherweise gar nicht auf deine gefühlsbedingte Veränderung zurückführen, sondern dich darin bestätigt sehen, was für ein wundervoller Ort die Welt doch ist – ebenso, wie Sabine sich in ihrer Annahme bestätigt sieht, dass die Welt ein Jammertal ist und sie schon recht damit hat, nichts Gutes von ihren Mitmenschen zu erwarten.

Deine Gefühle und Gedanken arbeiten beim Beispiel mit dem Verliebtsein eng zusammen. Du denkst an Schönes und fühlst dich besser. Du fühlst dich besser und denkst dadurch eher an Schönes. Weil du dich besser fühlst und an mehr Schönes denkst, verhältst du dich anders und deine Umwelt reagiert darauf. Zudem wird deine selektive Wahrnehmung der Welt konstant auf Dinge gerichtet, die zu deinen aktuellen Gefühlen und Gedanken passen.

Du kennst das sicherlich auch von der anderen Warte aus: Wenn du mal so einen richtig miesen Morgen erwischst, an dem alles schiefgegangen ist und dann begegnet dir wie jeden Tag beim Bäcker an der Ecke die alte Frau Köhler mit ihrem Dackel Struppi: An diesem Unglücksmorgen wird sie dich nerven! Gedanken wie „Oh nee, die Köhler, die redet immer so viel. Wieso muss ich die jetzt auch noch treffen?“ werden die üblichen Gedanken „Ach, wie nett, die nette alte Dame – so ein kleiner Schwatz vor der Arbeit ist immer so herzlich. Und der Struppi ist auch so drollig!“ ersetzen – obwohl weder Struppi noch die Frau Köhler sich verändert haben. Du mit deinem Blick auf die Welt und deinen Gedanken gehst anders in die Situation!

Dass sich das Denken und das Verhalten gegenseitig beeinflussen, zeigt sich immer dann, wenn Menschen sich anders geben, weil sie sich um das sorgen, was andere denken. Folgenden Spruch hast du während deiner Kindheit garantiert schon einmal gehört und vielleicht hast du ihn auch schon selbst gegenüber deinen Liebsten gesagt: „Was sollen denn die Nachbarn/Großeltern/Verwandten/Kollegen denken?“ Unsere Sorge vor dem Urteil unserer Umgebung sorgt dafür, dass wir unser Verhalten an eine Gemeinschaft anpassen. Das ist für den Menschen als soziales Wesen aus rein evolutionsbiologischer Sicht sehr wichtig.

Der Mensch denkt darüber nach, welches Verhalten in seiner Gruppe als konform gilt und probiert, innerhalb der Regeln dieser Gemeinschaft zu spielen. So bleibt die Gruppe stabil und der Zusammenhalt wird garantiert. Dadurch ist der Mensch sicher und wird nicht aus der Gruppe ausgestoßen. Heute droht uns natürlich keine direkte Gefahr, wenn wir in einer Gruppe nicht akzeptiert werden, aber noch immer richtet sich unser Denken unter anderem darauf aus, wie wir unser Verhalten so steuern können, dass wir sowohl unseren Ansprüchen als Individuum als auch den Ansprüchen unserer Gruppenmitglieder gerecht werden.

Für eine Veränderung unserer Handlungen in dieser Situation sind emotionale oder rationale Gedanken verantwortlich. Etwa, wenn wir uns entgegen der Gruppendynamik entscheiden, beim frauenfeindlichen „Witz“ des neuen Vorstandes nicht mitzulachen. Unsere Handlung ist emotional aufgeladen, wir haben eine neue Motivation, die dazu führt, dass wir uns anders verhalten.

Das muss nicht immer zwingend das Ergebnis eines bewussten Denkprozesses sein, bei dem wir mehrere Positionen miteinander vergleichen und gegeneinander in die Waagschale werfen, sondern kann mitunter auch recht rasch aus einem Bauchgefühl heraus entstehen. Wir empfinden etwas als ungerecht oder falsch und reagieren dann darauf. Die Gedanken und Emotionen können sehr schnell getriggert werden und dann zu einer Veränderung im Verhalten führen.

Wir kennen eventuell folgendes: Gerade noch war alles rundherum in Ordnung und dann fällt der Name einer Person, die uns erst kürzlich stark verletzt hat. Auch wenn wir gedanklich eigentlich ganz woanders waren, werden nun Gedanken an diesen Vorfall angeregt. Selbst wenn wir uns darum bemühen, dass uns das nach außen niemand anmerkt oder wir uns einfach selbst nicht die Stimmung davon vermiesen lassen möchten, ist oftmals eine Veränderung im Verhalten zu bemerken. Es ist nicht mehr so frei, verspielt und entspannt, sondern eher angestrengt, zurückgenommen oder zögerlicher als vor dem Erwähnen dieser Person.

Unsere Denkmuster bezüglich Selbstwirksamkeit und Eigenständigkeit sind ebenfalls zwei wichtige Spielgefährten, wenn es um das Zusammenspiel aus Denken und Handeln geht.

Kennst du die Leute, die immer nur Pläne machen, eine Liste nach der anderen aufschreiben und alles bis ins kleinste Detail durchdacht haben – ohne auch nur einen Schritt ins Handeln zu kommen? Oftmals werden hier mit einem kleinen Augenzwinkern Machende und Denkende unterschieden. Die Denkenden kommen über die Planungsphase nie hinaus, während die Machenden mitunter dazu neigen, einfach loszulegen, ohne etwas durchdacht zu haben. Eine Mischung ist natürlich das Ideal, denn das harmonische Zusammenspiel von Denken und Tun wirkt sehr befriedigend, weil es produktiv und nachvollziehbar ist.

Der Mensch wird sich seiner Selbstwirksamkeit bewusst und erfährt, dass er zu eigenständigen Handlungen fähig ist. Das, was er sich ausgedacht hat, kann er aus seinen Gedanken in die Wirklichkeit überführen und in dieser umsetzen.

Das gibt ihm ein gutes Gefühl, verschafft Selbstbewusstsein und auch Autonomie.

Jede von uns hat sicherlich schon mal erlebt, dass sie ein Projekt geplant hat – gerne zum Jahresanfang mit Vorsätzen wie „Ab heute trinke ich keinen Alkohol mehr, mache ich 3-mal in der Woche Sport, lerne ich wieder Schwedisch" – und dann an der Durchführung gescheitert ist – obwohl alles genau durchdacht war, der Lernplan geschrieben, der Sportkurs gebucht und Instagram und Pinterest stundenlang nach leckeren Rezepten für alkoholfreie Cocktails durchsucht wurden.

Du hast also jede Menge Denkarbeit in dein Projekt gesteckt – aber es in die Realität zu überführen gelingt dir nicht. Erleben wir dieses Dilemma öfter, beginnen wir, unserem Denken zu misstrauen oder es nicht besonders ernst zu nehmen. Schon während wir uns neue Pläne ausdenken, wissen wir, dass wir sie nicht umsetzen werden. Das gedankliche Auseinandersetzen, was zu Beginn Spaß gemacht hat, versetzt uns nun in schlechte Laune, wir haben keine Lust mehr, uns mit bestimmten Themen zu befassen, weil sich ja sowieso nichts ändern wird. Folglich beginnen wir diese Bereiche in unserem Handeln zu meiden.

Ähnliches erleben wir, wenn wir vor einer Aufgabe stehen, die uns Angst bereitet oder zumindest Respekt einflößt. Wir spielen die Situation stundenlang im Kopf durch, denken, wir sind nun bestens vorbereitet und kneifen kurz vorher wieder.

Dann kann uns nach einiger Zeit allein das Denken daran unzufrieden machen oder sogar die Angst in uns erzeugen, die wir eigentlich vor der Situation haben. Dies wirkt sich maßgeblich auf unser zukünftiges Handeln aus.

Unsere Gedanken stehen also in ständiger Wechselwirkung mit unseren Handlungen und unsere Handlungen können sich auf unser Denken auswirken.

Dieses Wissen kommt zum Beispiel in der Körpertherapie zum Einsatz. Hier wird mit Körperarbeit versucht, die Psyche des Menschen zu unterstützen. Ein typisches Experiment aus diesem Bereich ist das mit dem Bleistift – vielleicht hast du schon mal davon gehört oder es sogar ausprobiert?

Die Probanden sollten sich während des Versuches witzige Unterhaltungsmedien anschauen und dabei den Stift entweder quer zwischen den Zähnen halten, sodass ihr Mund eine lächelnde Position einnahm oder aber den Stift mit den nach vorn gestülpten Lippen fixieren, sodass ein Lächeln nicht möglich war.

Die medialen Inhalte waren dieselben – wenn die Versuchspersonen eine grinsende Haltung einnehmen mussten, wurde der Stoff allerdings als lustiger empfunden, als wenn ihnen das Lächeln aufgrund der Stiftposition nicht möglich war.

Wenn du magst – probiere es einfach mal selbst aus. Hast du keinen Comic zur Hand, schaue eine Szene aus einer Serie, die dich sonst unter allen Umständen zum Lachen oder zum Schmunzeln bringt und probiere den Test mit diesem Ausschnitt aus.

Wie empfindest du die Szene, wenn du den Stift auf die jeweilige Art hältst und dadurch den Mund in eine lächelnde oder mürrische, schmollende Position bringst?

Falls du Kinder oder einen aufgeschlossenen Erwachsenen um dich herum hast, kannst du das Experiment auch gerne mal mit ihnen machen und sie zu ihren Erfahrungen befragen.

Das bietet eine sehr gute Grundlage für ein Gespräch über Gefühle und Gedanken und kann auch dir dabei helfen, noch tiefer in die Materie einzusteigen!

Wir kennen die Rückwirkung von Verhalten auch in unserem Alltag. Da ist beispielsweise vom berühmten „Fake it till you make it" die Rede: Wir geben uns in einer herausfordernden Situation so, als könnten wir bereits gut mit ihr umgehen. Wir verhalten uns dementsprechend und erleben in der Regel, wie unsere Gedanken in die Richtung mitgehen.

Ähnliche Änderungen in unserem Denken erleben wir, wenn wir beispielsweise unsere Körpersprache anpassen. Statt mit herunterhängendem Kopf und gerundetem Rücken in einen Raum zu schleichen und sich da an der Wand herumzudrücken, können wir uns vor einem Meeting dazu anhalten, den Kopf zu heben, die Schultern in eine neutrale Position zu bringen und mit festem Schritt in den Raum hineinzugehen. Meist wirkt sich dieses veränderte Verhalten schon deutlich auf uns aus: Wir fühlen uns ruhiger und sicherer, unsere Gedanken beruhigen sich, wir können freier und klarer denken.

Einen Zusammenhang zwischen Verhalten und Gedanken kannst du auch in der Kunst oder in Film und Fernsehen wiederfinden: Du erkennst in der Regel sofort an der Körperhaltung und dem Verhalten, ob die dargestellte Figur niedergeschlagen, traurig, wütend, fröhlich oder entspannt sein soll. Auch hier wird wieder klar: Das Verhalten wirkt sich auf dein Denken aus, dein Denken auf das Verhalten.

Wer ein negatives Weltbild hat, wird sich nach außen eher vorsichtig, möglicherweise sogar feindselig verhalten. Denn wer sich selbst keine positiven Gedanken schenken kann, wird vermutlich nicht sehr gut mit anderen Menschen umgehen. Dies macht sich dadurch bemerkbar machen, dass er keine Grenzen aufzeigt, sich nicht schützt oder sich nicht gut um sich und seine eigenen Belange kümmert.

Wer von seinen Mitmenschen annimmt, dass sie ihm prinzipiell wohlgesonnen sind, wird offen auf andere zugehen, sich in einer neuen Menschengruppe interessiert und klar sichtbar um Kontakt bemühen und mit den anderen in Interaktion treten.

Wie ist das bei dir?

- Hast du schon mal erlebt, dass nur ein Gedanke dein gesamtes Verhalten verändert hat?
- Was hat sich damals verändert? Welcher Gedanke war das?
- Hast du auch schon mal erlebt, dass dein Verhalten deine Gedanken beeinflusst?
- Welche Haltung nimmst du ein, wenn du von Angstgedanken geplagt wirst?
- Welche Verhaltensweisen zeigst du, wenn deine Gedanken positiv sind?
- Hast du schon mal versucht, diese Verhaltensweisen an den Tag zu legen, um deine Gedanken positiver zu stimmen?
- Wie verhältst du dich, wenn eine Gedankenlawine auf dich einstürzt? Wird dein Verhalten auch unorganisierter oder „lärmender“?
- Hat jemand anderes schon mal deine Gedanken aufgrund deines Verhaltens benannt? Hat diese Zuschreibung gepasst?
- Bemühst du dich, ein bestimmtes Verhalten nach außen aufrechtzuhalten, auch wenn es nicht mit deinen innersten Gedanken übereinstimmt?
- Falls ja, wie geht es dir damit?

Die typischen Gedankenfallen

Die Psychotherapeutin Amy Morin unterscheidet im Wesentlichen zwei schädliche Denkmuster: Das sogenannte Wiederkäuen, also das beständige Überdenken und Auseinandersetzen mit bereits vergangenen Situationen und das ständige Sorgen um Ereignisse oder Dinge, die in der Zukunft liegen oder liegen könnten.

Beide Denkmuster führen dazu, dass die betroffenen Personen mit ihrer Aufmerksamkeit nicht bei ihrem Leben im Hier und Jetzt bleiben können, sondern sich entweder gedanklich in der Vergangenheit an etwas abarbeiten, was sie nicht mehr ungeschehen machen können oder eine mögliche Zukunft katastrophisieren, von der sie nicht sicher wissen können, ob sie so passieren wird.

Zudem neigen Menschen bei beiden Denkmustern zu Übertreibungen. So werden Erlebnisse beim ständigen Durchdenken immer wieder etwas verändert. Erinnerungen können vom Gehirn nämlich immer wieder mit Informationen aus dem Arbeitsgedächtnis abgestimmt und etwas angepasst werden. Sie sind keinesfalls in Stein gemeißelt und auch keine Eins-zu-eins-Widerspiegelung von dem, was in der Vergangenheit passiert ist. So kann es leicht passieren, dass sich ein kleiner Disput beim grüblerischen Wiederkäuen zu einem dramatischen Streit entwickelt, der in der Erinnerung so schrecklich ist, dass sich die betroffene Person vollkommen darin verlieren und von den Erinnerungen übermannt werden kann. Die Gedanken daran sind dann nicht mehr realistisch, werden aber trotzdem als gegeben akzeptiert und wirken sich somit massiv auf das emotionale und physische Wohlbefinden aus.

Beim Katastrophisieren spielt die Übertreibung ebenfalls eine große Rolle. Mögliche Zukunftsszenarien werden ausschließlich in den düstersten Farben gezeichnet, in denen der am schlimmsten anzunehmende Verlauf der Situation eintreten wird. Allein diese gedanklichen Schreckgespenster können Unbehagen oder sogar Angst, vor dem, was da kommen wird, auslösen und zu einer angespannten Erwartungshaltung führen, die einen offenen Blick auf die Dinge verhindert.

„Laufe nicht der Vergangenheit nach und
verliere dich nicht in der Zukunft.
Die Vergangenheit ist nicht mehr.
Die Zukunft ist noch nicht gekommen.
Das Leben ist hier und jetzt.“

- Buddha

Sogenannte maladaptive Denkmuster – also unangemessene, wenig förderliche Denkstrukturen - können sich jedoch in ganz unterschiedlicher Form präsentieren.

Eine bekannte Unterteilung hat beispielsweise der kognitive Verhaltenspsychologe Aaron Beck vorgenommen – allerdings schrieb er diese Unterteilung explizit Personen zu, die zu Depressionen und depressiven Verstimmungen neigen.

Laut Beck

- generalisieren
- katastrophisieren oder
- personalisieren

diese Menschen in ihrem Denken.

Menschen, die einen generalisierenden Denkstil pflegen, neigen dazu, Dinge zu verallgemeinern: So kann ein kleiner Zank mit dem Liebsten am Morgen um eine nicht geschlossene Zahnpastatube dazu führen, dass die Betroffenen denken: „Immer haben wir Streit. Nie geht es friedlich bei uns zu.“ Wird ein Arbeitsentwurf von der Chefin abgelehnt, wird daraus ein „Immer werden meine Entwürfe abgelehnt. Nie kann mein Entwurf mal der sein, der ausgewählt wird.“

Beim Katastrophisieren wird eine Situation unverhältnismäßig dramatisch empfunden und bewertet. Der Zank aus unserem Beispiel würde dann als ein die Liebe bedrohender Streit wahrgenommen und ein typischer Denkverlauf wäre „Schon wieder so ein schlimmer Streit. Er liebt mich sicher nicht mehr. Wenn das so weiter geht, lassen wir uns bestimmt scheiden. Will er vielleicht schon die Scheidung? Wo wohne ich dann? Verliere ich die Kinder?“ Die Situation mit der Chefin eskaliert gedanklich so, dass die Betroffenen um ihren Arbeitsplatz fürchten und sich schon auf der Straße stehen sehen.

Beim Personalisieren wird jede Situation von der betroffenen Person auf sich selbst bezogen. Die Betroffenen machen jedes Ereignis an sich selbst fest und nehmen sich als Verursachende oder Empfangende des Leids oder Problems war. Typische Denkwege wären hier „Natürlich muss mir gleich am Morgen so ein Streit passieren. Alle anderen starten mit ihrem Partner friedlich in den Tag, nur ich bekomme es nicht hin“ und „War ja klar, dass mein Vorschlag wieder abgelehnt wird. Wenn ich schon mal was wage, bringt es sowieso nichts.“

Diese Gedankenmuster können aber auch von Menschen entwickelt werden, die keine Depressionen haben. Eine genaue Abgrenzung ist nicht immer möglich, da Personen, die zum Generalisieren neigen, durchaus personalisieren können: „Immer muss das mir passieren!“

Mitunter werden je nach Ansatz die typischen Denkfallen noch genauer unterschieden, wobei dann die Abgrenzungen teilweise nicht genau vorgenommen werden und verschiedene Denkstile ineinanderfließen können:

Schwarzmalerei

→ Bei der Schwarzmalerei gehen die betroffenen Personen immer direkt von dem schlimmsten Zukunftsszenario aus. Sie malen ihre Zukunft in den düstersten Farben und schaffen damit eine bedrückende Atmosphäre, die nicht nur sie selbst, sondern auch ihren Umgang mit anderen Menschen und somit auch ihr Umfeld belasten kann. Oftmals erkennen die Betroffenen aber nicht, dass es die Schwarzmalerei ist, die beispielsweise dazu führt, dass Leute den Abstand zu ihnen suchen, sondern sehen sich in ihren düsteren Zukunftsprognosen nur bestätigt.

Ein Beispiel wäre Sabine mit den Befürchtungen, die sie für das Elterntreffen oder das Gespräch mit der Nachbarin hegt. Sie geht prinzipiell davon aus, dass die Treffen negativ ablaufen werden. Eine andere Option ist nicht denkbar für sie – obwohl es ja durchaus sein könnte, dass es anders kommt.

Hier kann rasch ein Kreislauf entstehen, der sich immer weiter verstärkt, bis die Betroffenen vollkommen verbittert sind und überhaupt keine positiven oder neutralen Gedanken mehr zulassen können. Diese Denkweise ist eng verknüpft mit dem Pessimismus.

Pessimismus

→ Dieser ist nicht zwingend zukunftsgerichtet, sondern es wird auch das, was gerade an guten Dingen passiert, negativ eingeordnet und bewertet. Beispielsweise klagt die Person, die den 2. Platz in einem schweren Wettbewerb gewonnen hat, dass ihre Leistung nichts wert sei, weil sie eben nicht den 1. Platz gemacht hat.

Wenn sie den 1. Platz gewonnen hat, wird sie vielleicht denken, dass die Konkurrenz ja auch nicht groß und der Wettbewerb zu leicht war und die Auszeichnung somit nicht wirklich etwas aussagt und sie sowieso nichts kann.

Eine stetige Abwertung des Positiven erfolgt hier sowohl bei den Erlebnissen als auch bei den eigenen Fähigkeiten und Fertigkeiten. Paradoxerweise sind die Betroffenen aber häufig durchaus in der Lage, Qualitäten oder Erfolge anderer Leute anzuerkennen, wodurch der scheinbare Abstand zwischen ihnen und den anderen noch verstärkt wird und mehr Unmut entstehen kann.

Schwarz-Weiß-Denken

→ Personen, die das Schwarz-Weiß-Denken praktizieren, können nur schwer Zwischentöne erkennen und anerkennen. Ein Ereignis ist entweder gut oder schlecht, das Verhalten einer Person schrecklich oder klasse. Dieses Schwarz-Weiß-Denken verengt nicht nur den Sichtraum sehr stark, sondern führt auch dazu, dass wir härter in unseren Urteilen sind. Das Einnehmen einer anderen Perspektive, das Nachvollziehen warum jemand vielleicht schlecht gehandelt haben mag, aber dabei gute Absichten hatte, geht verloren. In der Intensität sorgt es dafür, dass wir immer extreme Erlebnisse haben, die entweder komplett furchtbar oder komplett gut sind.

So kann Sabine beispielsweise nicht davon ausgehen, dass sie mit manchen Frauen vielleicht nicht so gut klarkommt, andere aber sehr nett sind. In ihrem Schwarz-Weiß-Denken sind Frauen auf einem Haufen ein Garant für Zickenkrieg. Auch wenn es möglich ist, dass sie solche Situationen schon erlebt hat, gab es sicher ebenso Situationen, in denen dies nicht so war oder in denen sich nicht alle Frauen daran beteiligt haben. Diese Grautöne kann sie aber momentan nicht wahrnehmen – für sie gibt es nur „ganz oder gar nicht".

Abschneiden von Gedanken

→ Betroffene versuchen, bestimmte Themen gedanklich komplett auszuklammern, etwa, weil sie die Thematik belastet, sie ihnen unangenehm ist, sie nicht wissen, wie sie damit umgehen sollen oder weil sie ihnen Angst macht. Sie schneiden sich quasi innerlich mit einer gedanklichen Schere alle Gedanken ab, die in die Richtung gehen könnten und arbeiten so mit Vermeidung und Verdrängung.

Während einige Menschen so ganze Bereiche komplett aus ihrem Leben ausklammern, führt es bei anderen dazu, dass sie nur noch stärker von diesen Gedanken belastet werden und sie erleben, dass diese sich ihnen quasi immer stärker aufdrängen. Nicole möchte sich beispielsweise nicht mit Konflikten aus ihrer Vergangenheit auseinandersetzen und versucht, diese aus ihren Gedanken zu verbannen. Wann immer sie dann zur Ruhe kommt, drängen sich ihr diese Gedanken wieder auf.

Externalisieren

→ Während bei dem Personalisieren Menschen dazu neigen, alle Situationen auf sich zu beziehen und sich meist auch die Schuld daran zu geben, kann beim Externalisieren jeder Gedanke an das eigene Zutun vollkommen fremd und überflüssig erscheinen. Die

Gründe für Ereignisse und vor allem für Missgeschicke werden nur im Außen gesucht. Dadurch berauben sich die Betroffenen der Möglichkeit selbst, in die Rolle des/der aktiv Handelnden zu kommen, um so etwas an der Situation zu ändern.

Zudem kann sich das Umfeld falsch bewertet vorkommen und sich auch darüber ärgern, dass die betroffene Person für ihre eigenen Handlungen keine Verantwortung übernimmt und immer denkt, jemand im Außen wäre schuld.

Wenn das Gespräch zwischen der Nachbarin und Sabine wegen der Kehrwoche scheitert, weil Sabine diese mit ihrem Verhalten dafür bereits vor dem Gespräch gedanklich verantwortlich macht, kommt sie gar nicht auf die Idee, dass sie verschiedene Strategien ausprobieren könnte, um zu einem gelingenden Gespräch beizutragen. Ferner könnte die Nachbarin spüren, dass Sabine sich ihr schon ablehnend nähert und sich so verunsichern lassen oder ebenfalls mit Ablehnung reagieren.

Mitdenken für andere

→ Personen, die immer für andere mitdenken, erleben, dass sich diese Gedanken auf ihr Gefühlsleben und ihr Verhalten gegenüber den anderen auswirken, obwohl es sich um ihre eigenen Fantasien handelt. Betroffene spielen etwa mögliche Gespräche im Kopf durch oder interpretieren das Verhalten anderer und schlussfolgern daraus, was sich die Person möglicherweise gedacht hat. Sie behandeln diese Interpretation allerdings wie einen gegebenen Fakt und dies zeigt sich wiederum im Umgangston mit der anderen Person.

So macht Katja sich beispielsweise Sorgen, dass ihr Mann beim Surf-Urlaub unnötige Risiken eingeht und spricht dies in den Diskussionen, die in echte Verhandlungen ausarten, immer wieder an – ohne überhaupt nachgefragt zu haben, was sich ihr Mann wirklich denkt und wie genau seine Pläne aussehen.

Einbahnstraßen-Denken

→ Bei dieser Denkweise werden sämtliche Fakten außer Acht gelassen. Hat die Person sich bereits eine Meinung gebildet, lässt sie keine weiteren Gedankenexperimente zu, nimmt auch keine anderen Sichtweisen ein und erlaubt nicht, dass die bestehenden Gedankengänge durch neue Informationen herausgefordert und gegebenenfalls angepasst werden müssen. Solche Menschen werden oft als sehr starrköpfig und verbohrt erlebt, weil ihnen mit Logik nicht beizukommen ist und sie, auch wenn das Gegenteil längst belegt wurde, nicht von ihrer Sicht auf die Dinge abweichen.

Dieses Denken kann sehr einsam machen, denn andere Menschen werden dazu neigen, die Kommunikation nur sehr ausgewählt aufrechtzuerhalten, um sinnlose Auseinandersetzungen zu vermeiden. So könnte der Mann von Katja einfach nur noch genervt reagieren, wenn seine Frau sich nicht auf ein echtes Gespräch einlässt und er von ihr nicht wirklich gehört wird, sondern nur ihre Meinung und ihre Gedanken im Vordergrund stehen. Oftmals verstummen die Gesprächspartner dann und ziehen sich zurück; wie auch die Kinder und der Mann von Katja - „Da regt Mama sich doch sowieso nur wieder auf. Das erzählen wir ihr besser nicht!", „Wieso sollte ich mit ihr darüber reden. Sie sieht doch eh nur, was sie meint!"

Verschmelzen mit dem Gefühl

→ Gefühl und Wirklichkeit auseinanderzuhalten ist nicht immer leicht. Personen, die sich von ihren Gefühlen übermannen lassen und diese dann als alleinige Wirklichkeit erleben, haben vor allem im Umgang mit anderen Menschen und neuen Herausforderungen Probleme. Wer starke Angst hat und eine vollkommen harmlose Sache als extrem bedrohlich erlebt, wird sich in der entsprechenden Situation so verhalten, als wäre sie wirklich lebensbedrohlich – auch wenn es rein sachlogisch keinen Grund für dieses Verhalten gibt. Wer wie Sabine meint, von allen missachtet zu werden und von Selbsthass belastet ist, wird möglicherweise das Verhalten seiner Mitmenschen als abwertend erleben, nur weil er selbst so fühlt, obwohl sich die anderen in der Realität neutral oder sogar freundlich verhalten.

Entdecke deine innere Welt

„Alles was wir sind, ist das Ergebnis dessen,
was wir zuvor gedacht haben. Der Geist ist alles.
Was wir denken, das werden wir sein."

- Buddha

Im vorausgegangenen Kapitel hast du erfahren, wie sich dein Denken auf deinen Geist und deinen Körper auswirken kann und wie eng Denken und Sprechen miteinander verknüpft sind. Ferner wurden dir typische Gedankenfallen vorgestellt, zu denen wir neigen können und die uns den Umgang mit unseren eigenen Gedanken und das Leben im Allgemeinen schwer machen können.

Dieses Hintergrundwissen kann dir dabei helfen, in diesem Kapitel nun deine eigene Gedankenwelt zu erforschen. Wir Menschen können zwar nicht nicht denken, aber wie wir bereits gelernt haben, sind uns nicht annähernd alle Gedanken auch bewusst. Wir gewöhnen uns über die Jahre bestimmte Denkmuster an und nehmen diese als gegeben hin; nicht selten hinterfragen wir gar nicht mehr, ob das, was wir denken, denn wirklich stimmt, gut für uns ist oder sonst eine Berechtigung hat, ein stetiger Begleiter in unserem Kopf zu sein.

Gerne werden Gedanken mit wilden Affen verglichen, die in deinem Kopf herumspringen und immer wieder um deine Aufmerksamkeit buhlen. Zeitgleich wirken sie sich auch unterbewusst auf dich aus und beeinflussen maßgeblich mit, wie du die Welt und die Menschen um dich herum wahrnimmst.

Unbewusstes Denken ist dabei eine herausfordernde Sache: Viele unserer Denkprozesse geschehen automatisiert; viele davon dringen nicht in unser Bewusstsein vor oder sind dort nur sehr flüchtig, kaum zu greifen, eine vage Idee. Und doch wirken sie sich auf dich und dein Wohlbefinden aus.

Denken wird häufig als Interpretation der eigenen Wirklichkeit verstanden. Aus den genannten Gründen wirst du hiermit zum Erkunden und Reflektieren deiner persönlichen Gedankenwelt eingeladen: Weißt du, auf welche Weise du dich mit deinen Gedanken tagtäglich beschäftigst? Stelle dir einmal die folgenden Fragen, um dem Ganzen auf die Spur zu kommen:

- Bist du dir deiner Gedanken zwischendurch bewusst?
- Erlebst du deine Gedanken mitunter als störend?
- Gibt es Themen, die du gedanklich lieber aussparst?
- Wirst du von bedrückenden Gedanken geplagt?
- Kannst du in Entspannungsmomenten abschalten oder halten dich bestimmte Gedanken davon ab?
- Fällt es dir schwer, abends zur Ruhe zu kommen und einzuschlafen, weil dein Kopf nicht still wird?
- Kannst du Entspannungstechniken nutzen, beispielsweise meditieren, oder macht dir das „Monkey Mind“ da einen Strich durch die Rechnung?
- Erlebst du es, dass du dich in Gedankenspiralen verfängst oder in eine Art Grübelzwang gerätst?
- Erlebst du diese Form des Denkens als angenehm oder unangenehm?

Sonnenschein oder trüber Nebel?

„Die Hauptursache für Unglücklichsein ist niemals die Situation, sondern unsere Gedanken darüber."

– Eckhart Tolle

Meist lässt sich unsere Art zu denken gut einer der beiden Seiten zuordnen – der optimistischen oder der pessimistischen. Diese Art muss sich aber nicht durch alle Bereiche unseres Lebens durchziehen, sondern kann je nach Thema wechseln. Einstellungen gegenüber bestimmten Lebensanteilen können aufgrund unserer Erziehung entstanden sein – „Sei immer bescheiden und erwarte nicht, dass dir jemand dankt", „Wir Müllers sind Arbeitstiere, wir verstehen nix von hoher Bildung und die brauchen wir auch nicht!" Auch können diese Einstellungen das Ergebnis von Aussagen sein, die uns sehr beeindruckt haben – negativ oder positiv – oder nach eindrucksvollen Erfahrungen von uns übernommen wurden. Nicht immer ist uns aber bewusst, in welchen Bereichen unseres Lebens wir eher sonnige Aussichten erwarten und in welchen Bereichen wir eher auf trübe Aussichten eingestellt sind.

Deswegen sollst du zunächst die Möglichkeit haben, einmal zu hinterfragen, welche Gedanken du zu deinen wichtigsten Lebensbereichen hegst und auch herausfiltern, ob es sich dabei eher um negative, neutrale oder positive Gedanken handelt.

Schreibe bitte dafür 2 oder 3 typische Gedanken zu den einzelnen Lebensbereichen auf, die du unten in dem Schaubild siehst.

Schnapp dir danach ein paar Buntstifte und färbe die Kästen ein: Für negative Gedanken verwende Braun, für neutrale Gedanken Blau und für positive Gelb. (Wenn du andere Farben mit diesen Begriffen verbindest, kannst du natürlich auch diese verwenden und das Schaubild entsprechend ausmalen!)

Nimm dir ruhig ein paar Minuten Zeit, um diese kleine Aufgabe zu erledigen. Aber versuche nicht, deine Gedanken zu zensieren, sondern schreib wirklich die Sätze auf, die dir als Erstes in den Kopf kommen – auch wenn diese möglicherweise so gar nicht angemessen, korrekt oder freundlich sind.

Freundschaften	Berufsleben	Lernen/eigene Entwicklung
Familie	Alltag	Zukunft
Spiritualität/Glaube	Gesundheit	Vergangenheit

Halte noch mal einen kleinen Moment inne und lasse deinen Blick auf dem Schaubild verweilen.

Stelle dir danach folgende Fragen:

- Wie sieht dein Schaubild jetzt aus?
- Welche Farben überwiegen?
- Überrascht dich das Ergebnis oder stimmt es mit dem Bild, das du von dir selbst hast, überein?
- Passt es zu dem Bild, das du deinen Mitmenschen nach außen präsentierst?

- Wie fühlst du dich, wenn du dein Schaubild fertig ausgefüllt vor dir siehst?
- Bemerkst du irgendwelche körperlichen Veränderungen? Fühlst du Anspannung, Enge oder Wärme in deinem Körper?

Versuche, das Schaubild als Teil deiner aktuellen Bestandsaufnahme zu sehen. Es sagt nichts über dein „Für-Immer“ aus; es ist eine Momentaufnahme, damit du weißt, wo du stehst und um welche Bereiche du dich möglicherweise kümmern solltest, um dich besser zu fühlen.

Vielleicht fällt es dir schwer, die Wertung außen vor zu lassen. Wenn das so ist, gönne dir genügend Pausen, um negativen Gedanken nicht allzu viel Raum zu geben und das Ganze sacken zu lassen.

Schaue dir dann als Nächstes bitte an, welche Themen zentral für dich sind und in deinen täglichen Gedanken eine prominente Rolle zu spielen scheinen.

- Womit beschäftigst du dich innerlich am häufigsten?
- Dreht es sich bei dir gedanklich um Aspekte wie Zuversicht und Tatendrang, Ideen, Pläne oder die Zuneigung zu anderen und Wertschätzung dessen, was dein Leben ausmacht?
- Beschäftigen dich Alltagsdinge, sodass kein Raum für kreative Ideen oder neue Experimente da ist?
- Oder wirst du gedanklich vollkommen von Ängsten und Sorgen eingenommen?
- Um welche Themen drehen sich deine Gedanken konkret? Wer kommt darin am meisten vor und welche Rolle spielen diese Personen?
- Wie sind deine Gedanken zu dir selbst? Dominieren gedanklich Leute außerhalb deiner Familie, etwa aus deiner Berufswelt, oder beschäftigst du dich am meisten mit deiner Familiensituation?

- Würdest du sagen, dass sich deine Gedanken hauptsächlich um dein Leben im Hier und Jetzt drehen, oder bist du gedanklich eher in der Vergangenheit oder der Zukunft unterwegs?
- Schaust du versöhnlich auf deine Vergangenheit oder sind die Gedanken hier eher bitter?
- Welche Emotionen bemerkst du, wenn du an deine Zukunft denkst?

Achte bitte auch darauf, ob und wie deine eigene Denksprache sich bei den einzelnen Themenfeldern verändert: Wenn du magst, kannst du dazu deine Gedanken mal laut ausformulieren. Das ist gar nicht so leicht wie es klingt, aber das freie und laute Aussprechen von all dem, was dir in den Kopf kommt, kann dir dabei helfen, dir deiner Strukturen und Muster bewusst zu werden und sie nach und nach aufzudecken.

Vielleicht magst du dich dabei ja auch aufnehmen, um anschließend alles in Ruhe verschriftlichen zu können?

Wenn dir das laute Aussprechen komisch vorkommt, greife einfach direkt zu Stift und Zettel und schreibe alles auf: Jeden Gedanken, der dir in den Sinn kommt, auch wenn das bedeutet, dass du einen alten nicht zu Ende formulierst oder die Grammatik nicht korrekt ist. Dieses freie Schreiben wird beim therapeutischen Schreiben gerne dazu benutzt, um Unterbewusstes ins Bewusstsein zu holen. Es kann gut und gerne sein, dass du von deinem Hauptthema abweichst, während du schreibst, und dich vielleicht ganz konkret einem Themenkomplex zuwendest, warum du immer an diese eine Sache denken musst und wie sehr dich das nervt. Lass das ruhig zu und lass dich vollkommen auf den Prozess ein. Vielleicht überraschst du dich selbst mit dem, was da zu Tage kommt.

Ursprung der Gedanken

„Wir können Denker aufteilen in die, die selbst denken und in die, die durch andere denken. Die Letzteren sind die Regel und die Ersteren die Ausnahme. Die Ersten sind schöpferische Denker in doppeltem Sinne und Egoisten in der edelsten Bedeutung des Wortes."

- Arthur Schopenhauer

Nachdem du dich nun deiner Gedankenwelt genähert und sie unter die Lupe genommen hast, fragst du dich vielleicht, wo der Ursprung deiner Gedanken ist: Wie sind deine Gedanken zustande gekommen?

Die Forschung beschäftigt sich aktuell mittels Zwillingsstudien noch damit, inwiefern Denken genetisch bedingt ist. Fest steht bisher, dass die Kultur, in die wir hineingeboren werden und die Sprache, mit der wir aufwachsen, unsere Gedankenwelt mit beeinflussen.

Jede Kultur hat eigene Werte und Gedankenmuster, Tabuthemen, über die nicht nachgedacht werden soll und Motive, die die Gemüter dieser Zeit sehr beschäftigen.

Während zu Zeiten der Aufklärung das rationale Denken in Mode war und der Mensch dazu aufgerufen wurde, sich seines eigenen Verstandes zu bedienen, wurde das verkopfte Denken in Zeiten der Romantik oder des Sturm und Drangs eher skeptisch betrachtet. Der Fokus lag auf kreativem Denken und den Emotionen.

Somit unterliegt das Denken gewissen Moden und je nachdem, in welche Kultur und in welche Klasse wir hineingeboren werden, wirken sich diese Moden darauf aus, wie sich unser Denken entwickelt.

Als Heranwachsende merken wir, welche Form von Denken bei unseren Erziehungsberechtigten gut ankommt und ob Unterschiede gemacht werden bezüglich des Geschlechts und Alters. „Darüber brauchst du dir nicht dein hübsches Köpfchen zerbrechen. Dafür bist du noch zu jung!“ und „Das ist doch nichts für ein junges Mädchen. Lass das mal die Männer durchdenken. Da braucht‘s den männlichen Verstand für!“ sind Sätze, die Kindern immer noch gesagt werden und die deren Denken dann in bestimmte Richtungen lenken können.

Zusätzlich beeinflusst die Sprache, die in unserer Kindheit dominant ist, unser Denken und wie wir die Welt sehen, beispielsweise, ob wir bestimmte Dinge als weiblich oder männlich ansehen (wir kennen den Mond als männlichen Himmelskörper, während dieser Himmelskörper in vielen anderen Sprachen weiblich ist). In unseren Lehrbüchern gab es den Chef und die Sekretärin und den Piloten und die Stewardess. Die Art und Weise wie wir Aktivitäten beschreiben, entnehmen wir Mustern, die wir aus unserem direkten Umfeld (Eltern, Geschwister, Erziehende, Peergroup) übernehmen.

Auch wie wir über bestimmte Gruppen oder Themen denken, wird durch die Werte unserer Gesellschaft und die Werte und Bräuche innerhalb unserer Familie beeinflusst. Wir bemerken dies, wenn wir aus unseren vertrauten Gruppen ausbrechen, auf „Andersdenkende“ treffen und im Jugendalter erstmals bewusst damit beginnen, uns von den übernommenen Werten und Annahmen abzugrenzen, diese zu hinterfragen und dann eine Integration der neuen eigenen Gedanken in die alten übernommenen Denkmuster versuchen.

Jede von uns hat im Laufe des Lebens Einstellungen und Gedankenmuster übernommen, manche bewusst, sehr viele unbewusst und ganz nebenbei.

Gründe für die Gedankenfallen

Wenn du dir jetzt noch mal die Liste mit den erwähnten Gedankenfallen vor Augen führst, wirst du dich vielleicht fragen, wie solche Muster entstehen können – schließlich sind sie schlecht für unser Wohlbefinden und uns und unseren ehemaligen Erziehungsberechtigten sollte doch daran gelegen gewesen sein, dass es uns gut geht.

Bevor du in dir negativ besetzte Emotionen aufsteigen lässt, halte dir und deinem Umfeld bitte zugute, dass Menschen manchmal Dinge tun und an Sachen festhalten, die auf den ersten Blick der Logik widersprechen – und das keinesfalls zwingend deshalb, weil sie etwas Böses im Schilde führen.

Die Gründe dafür können ebenso vielfältig sein wie die Gedankenfallen: Wir können an Denkmustern festhalten, weil sie den sozialen Normen entsprechen und wir nicht anders sein wollen, weil wir dadurch Nähe zu für uns wichtigen Menschen erzeugen möchten, weil wir sie einfach gewohnt sind, weil sie den Weg des geringsten Widerstandes bieten oder schlichtweg, weil sie uns vertraut sind und eine gewisse Sicherheit generieren.

Sicherheit ist eine höchst wichtige Komponente für den Menschen. Unsere Eltern wollten mit großer Wahrscheinlichkeit alles dafür tun, damit unsere Sicherheit gewährleistet ist, genau wie wir uns dies heute für unsere Liebsten wünschen.

Haben unsere Eltern uns daher ähnlich wie Sabines Eltern beigebracht, dass wir nichts Gutes von der Welt da draußen denken dürfen, damit wir nicht in eine Gefahr hineinlaufen, dann ist das vermutlich bestens gemeint gewesen.

Die Idee, dass dadurch auch viele Schwierigkeiten entstehen können, die dir den Umgang mit anderen erschweren, wurde höchstwahrscheinlich gar nicht bedacht. (Obwohl es durchaus auch Konstellationen gibt, in denen Familienangehörige einen durch Angstmacherei im innersten Familienkreis zu halten versuchen und eine enge Bindung dadurch erzeugen, indem die Gedanken an die Außenwelt alle negativ gefärbt sind – ähnlich wie bei Rapunzel, die in ihrem Turm gefangen ist und die Außenwelt fürchtet. Als sie ausbricht, ist sie gedanklich, trotz ihrer positiven Erfahrungen, hin und her gerissen.)

Auch du selbst wirst nicht absichtlich Gedankenmuster erschaffen haben, die dir schaden. Vielleicht haben sie in einer bestimmten Situation wunderbar als Schutzmechanismus funktioniert und in dieser Funktion wunderbare Dienste geleistet. Leider neigt der Mensch zum Generalisieren und zum Festhalten an Bekanntem.

Hat sich nun deine Situation geändert, könntest du deine Schutzgedanken ähnlich wie einen Regenschirm zuklappen, den du nicht mehr benötigst, sobald die Sonne wieder hinter den Wolken hervorkommt. Du bist aber so sehr an das Halten des Regenschirmes gewöhnt oder befürchtest, auch nur einen einzigen zufälligen Regentropfen abzubekommen, dass du ihn nicht einfach zuklappen magst oder kannst.

Du siehst – häufig handelt es sich um einen Mix aus Gewohnheit und Schutzbedürfnis, warum Menschen an maladaptiven Gedankenmustern festhalten. Häufig ist ihnen gar nicht bewusst, dass ihnen diese Gedanken schaden oder für eine Belastung in ihrem Leben sorgen – sie merken nur, dass sie etwas ausbremst oder dass etwas nicht stimmt.

Doch auch wenn wir längst bemerkt haben, dass uns bestimmte Gedankenwege nicht guttun, dass sie mittlerweile überholt sind und wir uns eigentlich längst weiterentwickelt haben, kann es passieren, dass wir an diesen Mustern festhalten.

Schließlich haben wir früher die Erfahrung gemacht, dass uns diese Gedankengänge dabei geholfen haben, mit schwierigen Situationen besser zurechtzukommen. Das hat sogar gut funktioniert. Warum sollte es jetzt nicht funktionieren und was wäre die Alternative?

Du kannst dich prima an deine früheren Entscheidungen und Gedanken erinnern, aber neue Gedankenmuster zu entwickeln, dauert eine Weile. Es kostet Kraft und auch Anstrengung, diese zu etablieren und aufrechtzuerhalten. Und wer weiß, ob die dann wirklich besser sind?

Also entscheidest du dich für das Althergebrachte, was vielleicht einige Unannehmlichkeiten mit sich bringen mag, dir aber bekannt und wenig anstrengend ist und irgendwie ein Gefühl von Sicherheit vermittelt.

Schwarzmalerei kann von Betroffenen dazu genutzt werden, die eigenen Erwartungen kleinzuhalten, um sich so vor potenziellen Enttäuschungen und Verlusten zu schützen.

Das gilt auch für den Pessimismus. Wer sich und seine Umwelt so wenig optimistisch betrachtet, verbleibt zudem meist in seiner angestammten Rolle und wagt sich nicht aus der Komfortzone, was Mut und Hoffnung erfordern würde. Dadurch bleiben die Sozialgefüge vor Ort bestehen und alles behält seine Ordnung.

Das Schwarz-Weiß-Denken wird ebenfalls unbewusst oft als ordnendes Element genutzt und dient zur Vereinfachung einer komplizierten und höchst widersprüchlichen Welt. Unsicherheiten und Widersprüche sind für viele Menschen schwer zu ertragen. Lässt sich die Welt aber klar in Gut und Böse einteilen, fallen zwar viele Facetten weg, das Ganze ist aber leichter zu überblicken und scheinbar auch leichter zu „beherrschen".

Die Gedankenfalle Gedankenabschneiden wird häufig eingesetzt, um Emotionen im Zaum zu halten. Traumatisierte Menschen können oft willentlich nicht auf bestimmte Erinnerungen oder Themen zugreifen. Die Gedanken sind ihnen bewusst nicht zugänglich, um sie vor den Auswirkungen der damit verbundenen Emotionen zu schützen. Schneiden wir uns selbst die Gedanken ab, können wir uns eine solche Schutzfunktion schaffen wollen. Auch Risiken können damit kleingehalten werden, denn wenn wir keine neuen Gedankenwege erlauben, dann bleibt alles schön beim Alten und wir bei unseren bekannten Wegen. Wir schaffen keine Unruhe und bringen niemanden gegen uns auf, indem wir vielleicht Dinge hinterfragen, zu denen wir uns unsere eigenen Gedanken gemacht haben.

Beim Externalisieren schieben wir die Verantwortung für Ereignisse oder auch unsere eigenen Handlungen weit von uns weg. Die anderen sind schuld – wir müssen uns daher nicht weiter damit befassen, nicht selbst für unsere Taten einstehen oder möglicherweise etwas an uns oder unserer aktuellen Situation ändern. Auch hier steht meist ein Sicherheitsbedürfnis an erster Stelle, denn Veränderung bedeutet immer auch Neuland und Risiko und könnte dazu führen, dass wir in unserem bisherigen sozialen Netz eine neue Rolle einnehmen oder erkämpfen müssten.

Das Einbahnstraßen-Denken funktioniert ähnlich klärend wie das Schwarz-Weiß-Denken. Es verschafft enorme Sicherheit, wenn wir eine richtige Denkweise als Maxime haben und einfach alles andere als falsch abtun können. So müssen wir keine Ambivalenz oder Pluralität aushalten und Gegensätze miteinander vereinen, sondern können einfach unsere Maxime in den Mittelpunkt stellen und allem anderen den Rücken zudrehen.

Das Mitdenken für andere ist meist sehr freundlich gemeint. Insbesondere dann, wenn wir sehr empathisch veranlagt sind, ist es uns ein Bedürfnis, den anderen zu verstehen und uns in ihn hineinzuversetzen. Problematisch wird es, wenn wir unserem Gefühl, was derjenige wohl denken mag, mehr entsprechen als dem, was uns der andere über seine tatsächlichen Gedanken mitteilt. Auch wenn wir es gewohnt sind, für andere mitzudenken, etwa, weil wir uns um kleine Kinder oder Pflegebedürftige kümmern, kann es sein, dass wir aus Gewohnheit dazu neigen oder so einfach bei Zeitmangel Unterhaltungen abkürzen möchten, ohne dass uns dabei unbedingt bewusstwird, dass wir andere verkindlichen oder darum bringen, ihren eigenen Standpunkt klarzumachen.

Mit dem Gefühl zu verschmelzen kann verschiedenste Gründe haben. Vielleicht werden wir einfach so stark von einer Emotion übermannt, dass unser rationales Denken in den Hintergrund tritt. Vielleicht sind wir so eingeschossen auf eine Emotion, dass wir ihr gewohnheitsmäßig viel Raum geben und so verhindern, dass auch andere Sicht- und Denkweisen ausprobiert werden können.

Du siehst also: Die Gründe, warum sich unangenehme Denkmuster hartnäckig halten, können mannigfaltig sein. Deshalb ist es so schwierig, sich auf neue Wege zu wagen und das unabhängige Denken zu kultivieren, um selbstbestimmt agieren zu können.

Unabhängiges Denken und Handeln - Selbstbestimmt agieren

„Einige Menschen studieren ihr ganzes Leben, und bei ihrem Tod haben sie alles gelernt, außer zu denken."

- Francois-Urbain Domergue

Vielleicht erscheinen dir das Aufdecken deiner inneren Gedankenmuster, das Erkennen deiner eigenen Denksprache und die Erkenntnis, dass du viele Strukturen unbewusst oder entgegen deinem Willen doch übernommen hast, auf den ersten Blick als sehr ernüchternd. Möglicherweise kommen in dir auch Emotionen wie Trauer, Ärger, Scham oder Angst hoch. Auch wenn es schwerfallen mag – bitte versuche, dich nicht zu bewerten. Weder für die Gedankenmuster, die du unbewusst übernommen hast, noch die, die du entwickelt hast, obwohl sie nicht förderlich für dich sind und schon gar nicht für die, die sich bei dir eingenistet haben, obwohl du sie von ganzem Herzen ablehnst.

Manche Betrachtungsweisen wurden uns von klein auf täglich neu präsentiert und haben somit dazu beigetragen, wie wir die Welt wahrgenommen und erlebt haben.

Wenn dir, wie bei Sabine, von frühster Kindheit an eingeschärft wurde, dass dir in dieser Welt nichts geschenkt wird und die anderen eine stetige Bedrohung sind – dann spielt sich dieser Gedanke als ständige Hintergrundmusik in deinem Kopf ab, auch wenn du es als Heranwachsende oder Erwachsene anders erlebt haben magst.

Ähnlich verhält es sich auch, wenn du an grundlegenden Werten oder Denkstrukturen deiner Kultur zu rütteln beginnst, sie hinterfragst oder sie nicht mehr zu dem passen, mit dem du dich identifizierst.

Du kannst von ganzem Herzen überzeugt sein, dass andere Denkmuster besser zu dir passen – aber es erfordert Mut und Ausdauer, den Kopf davon zu überzeugen, selbst zu denken und nicht mit dem mitzugehen, was die Masse sagt oder „was schon immer so war“ – schließlich ist da ja die verflixte Angst davor, ausgeschlossen zu werden oder sich zu irren.

Versuchst du nun, eigene Denkmuster zu etablieren, um frei und selbstbestimmt leben zu können, berücksichtige bitte, dass dieser Prozess anstrengend und manchmal sogar angsteinflößend sein kann. Überlege dir, wie und wo du Sicherheit bekommst, um dein Bedürfnis danach zu befriedigen und erlaube dir Verschnaufpausen.

Wie sich deine Gedanken auf dein Leben auswirken können

„Vergiss nicht, Glück hängt nicht davon ab, wer du bist oder was du hast; es hängt nur davon ab, was du denkst."

- Dale Carnegie

Wie geht es dir nun, nachdem du mehr Wissen über Gedankenvorgänge und den Zusammenhang zwischen Denken, Sprache, Handeln und Emotionen bekommen hast? Überlegst du, wie du dein neues Wissen dafür einsetzen kannst, deinen persönlichen Gedankenfallen aus dem Weg zu gehen?

Der Dalai Lama sagt: „Wollen wir unsere negativen Emotionen verringern und unsere positiven Emotionen stärken, so müssen wir wissen, wie unser Geist arbeitet."

Du weißt nun, welche Auswirkungen dein eigenes Denken auf deine psychische und physische Gesundheit haben kann und wie Grübeln und Katastrophengedanken dazu beitragen können, dass du dich um ein ausgeglichenes und buntes Leben bringst.

Oder wie es im Dhammapada heißt: „Selbst deine Mutter, dein Vater oder sonstige Verwandte können dir nicht so viel Gutes geben wie du dir selbst, indem du deine Gedanken in Ordnung hältst."

Die gute Nachricht ist: Wir sind unseren Gedanken nicht einfach ausgeliefert!

Gedankenmuster können erkannt und verändert werden. Dieser Umstand wird sich beispielsweise auch in den verschiedenen Arten der Psychotherapie zunutze gemacht: In der Verhaltenstherapie und der kognitiven Therapie wird von der Annahme ausgegangen, dass die Person nach einem Vorfall dauerhaft weniger unter dem Vorfall an sich leidet, sondern vor allem die Art und Weise, wie die Person selbst über den Vorfall denkt, dafür verantwortlich ist, dass es ihr weiterhin schlecht geht.

Auch andere Therapieansätze arbeiten damit, dass sich Klienten über ihre Denkmuster und Grundannahmen bewusstwerden und diese von negativen Mustern in für sie förderliche Muster umändern. Das innere Gedankengeflecht bewusst machen, auseinanderdröseln und auf Angemessenheit überprüfen, kannst du auch abseits einer therapeutischen Begleitung – wobei eine solche Unterstützung definitiv empfehlenswert ist, wenn du merkst, dass du selbst an deine Grenzen kommst oder es Themengebiete gibt, bei denen du Verdrängung befürchtest.

Wie kannst du nun selbst aktiv werden und was kann das Lösen von unerwünschten Gedankenmustern bewirken?

Der Psychotherapeut Dieter Schwartz sagt im Vorwort zu Albert Ellis‘ Buch über die von ihm entwickelte Rational-Emotive Verhaltenstherapie, kurz REVT: „Die Therapieforschung hat gezeigt, dass emotionale Probleme hauptsächlich auf bestimmte Erwartungen und Einstellungen gegenüber sich selbst, anderen Menschen und der Welt zurückzuführen sind – […]. Indem wir lernen, unsere selbstschädigenden Einstellungen zu verändern, entwickeln wir größere Fähigkeiten, mit gegenwärtigen Problemen umzugehen und ein freieres, unabhängigeres und emotional befriedigendes Leben zu führen.“

Bei kognitiven und behavioralen Therapieansätzen geht man davon aus, dass die Realität zwar subjektiv gebildet wird, es aber zwei Möglichkeiten gibt, ihr zu begegnen. Sabine aus unserem Beispiel ist sehr negativ gegenüber der Welt und ihren Mitmenschen eingestellt. Sie ist unsicher, befürchtet stets, abgelehnt zu werden und zeigt sich selbst darum im Vorfeld eher desillusioniert. Bekommt Sabine nun mit, dass sie zu dem Elterntreff aus dem Beispiel keine Einladung bekommen hat, während die anderen in der Schul-Messenger-Gruppe darüber schreiben, wird sie vermutlich mit sogenannten irrationalen Gedanken reagieren: „Die mögen mich nicht, habe ich ja gewusst. Die wollen mich nicht dabeihaben. Naja, ich passe ja eh nicht in die Truppe, da geschieht es mir vermutlich auch recht. Was glaube ich auch immer, dass man mich mögen könnte." Wir haben festgestellt, dass Gedanken zu Verhalten führen. Vielleicht würde Sabine sich nun noch mehr aus der Gruppe zurückziehen, zu keinem Treffen mehr gehen, die anderen auch ignorieren oder eine schnippische Bemerkung machen.

Eine Person mit positivem Blick auf die Welt würde vielleicht davon ausgehen, dass die E-Mail im Spam-Ordner verloren gegangen ist oder das Treffen nur für die Eltern der Schüler gilt, deren Kinder diesen Schulausflug mitmachen wollen. Entsprechende Handlungen wären ein Nachfragen, für wen das Treffen gedacht ist oder ein Nachschauen im Spam-Ordner.

In der Therapie werden verschiedene Ansätze dazu genutzt, die Gedankenmuster der Klienten zu verändern: Das Selbstbewusstsein wird aufgebaut und Gedankenabläufe und emotionale Grundannahmen werden erkannt. Verhaltenstherapie dient zum Einüben neuer Strategien im Umgang mit den eigenen irrationalen Denkmustern und dem Umgang mit anderen.

Es geht darum, den Kreislauf aus negativen Gedanken und Gefühlen sowie dem daraus resultierenden Verhalten, das weitere negative Gedanken und Gefühle erzeugt, auszubrechen.

In Aktion treten – Gedankenmuster verändern

Mit folgenden Tipps und Techniken kannst du damit beginnen, in deinem Kopf aufzuräumen! Manche Vorschläge nehmen etwas mehr Zeit in Anspruch und wirken langfristig – wie eben bei einem richtigen Großputz.

Stelle dir vor, dass du deinen Kopf von altem Gerümpel, unnötigen und überholten, schädlichen Gedankenmustern befreist und so Raum schaffst, für all das Gute, was in deinem Leben momentan zu wenig Beachtung findet. Denn nur da, wo Platz vorhanden und die Sicht frei ist, kannst du auch Neues entdecken!

Mental Load reduzieren

Der erste Gefallen, den du dir tun kannst: Mental Load verteilen. Also die ganze Denkarbeit, die beim Organisieren deiner Familie, deines Soziallebens, deines Alltags anfällt: Du musst nicht an alles alleine denken, du musst nicht für alle mitdenken. Nimm deine Kinder und deinen Lieblingsmenschen in die Pflicht! Spiele nicht die Erinnerungsfunktion für Kollegen! Sie können für sich selbst denken und es ist nicht deine Aufgabe, jedem anderen das Leben so bequem wie möglich zu machen. Du wirst erstaunt sein, wie viel Raum dann plötzlich für deine eigenen Gedanken herrscht!

Organisieren

Organisiere dich auch darüber hinaus. Schreibe dir Erinnerungen und Listen, vereinfache tägliche Aufgaben, damit du nicht immer wieder neu die gleichen Gedankenprozesse starten musst und dich möglicherweise in ihnen verlierst. Schaffe Raum für das, was dir wirklich wichtig ist. Schenke wenigen Dingen bewusst deine Aufmerksamkeit. Stelle dir deinen Kopf vor wie einen Schreibtisch: An einem Arbeitsplatz der vor Notizen, Zetteln und einer unerledigten Ablage nur so überquillt, kommst du zu keinem klaren Gedanken. Ist der Schreibtisch aufgeräumt, wird auch das fokussierte Arbeiten leichter. Ähnlich verhält es sich mit deinem Denken: Wenn du nicht vollkommen überfordert bist mit zig Dingen, an die du denken musst, ist mehr Ruhe, um sich bewusst auf bestimmte Dinge zu konzentrieren und hier gedanklich wirklich dabei zu sein.

Gedankentagebuch

Wenn du dir deiner Gedanken im Alltag eher weniger bewusst bist, kann es hilfreich sein, ein Gedankentagebuch zu schreiben. Wann immer dir ein Gedanke auffällt, notierst du ihn. Das kannst du ein paar Tage hintereinander machen. Schaue dir dann mal an, welche Gedanken einen Großteil deines Tages bestimmen. Wie fühlst du dich, wenn du deine Einträge liest und wie haben die Gedanken deine Stimmung und dein Handeln an dem Tag beeinflusst? Eine solche Rückschau kann schon dabei helfen, bestimmte Muster zu erkennen und sich diese bewusst zu machen.

Notiere dir auch, wenn du eine der typischen Gedankenfallen bei dir bemerkst.

Wenn du magst, kannst du auch überlegen, wieso du wohl in diese Falle hineingetappt bist? War Gewohnheit im Spiel oder der Wunsch nach Anerkennung oder Gemeinschaft?

Sprachenhausputz

Generalisieren und personalisieren sind typische Fallstricke beim Denken. Versuche daher mal ganz bewusst, bestimmte Wörter in deiner gedanklichen Kommunikation auszulassen, die diese beiden Vorgänge befeuern, beispielsweise „immer“, „ständig“ und „nur mir“. Du kannst in deinem Gedankentagebuch nachschauen, welche Erkennungswörter du persönlich verwendest und diese erst mal in den Urlaub schicken. Ebenfalls auslassen kannst du versuchsweise Begriffe wie „müssen“, „sollen“ und „nie“.

Bewusstes Gedankenmachen

Nimm dir immer wieder mal ein paar Minuten Zeit, um dir über Themen, die dir wirklich am Herzen liegen, bewusst Gedanken zu machen. Lege deinen ganzen Fokus darauf und setze dich aktiv mit dem jeweiligen Thema auseinander. Wenn du magst, kannst du auch mit visuellen Techniken arbeiten, etwa einer Mind-Map oder einem Vision-Board. So setzt du zusätzliche Anreize.

Übertreiben

Katastrophengedanken sind schrecklich. Und sie sind verdammt überzeugend. Was ist aber, wenn du dem Katastrophisieren den Stachel ziehen kannst? Versuche es einmal mit ganz bewusster Übertreibung. Wenn du merkst, dass du ins Katastrophisieren verfällst, dann leg eine Schippe drauf. Gib den sterbenden Schwan. Lass jede Soapdarstellerin alt aussehen. Wenn du magst, kannst du das Ganze noch bewusst ins Lächerliche ziehen, indem du mit einer verstellten Stimme redest. Meist entsteht dadurch schon die Möglichkeit, innerlich Distanz zu schaffen und sich klar zu werden, dass es sich um Überzeichnungen, nicht um die Realität handelt.

Negative Gedanken bewusst durch positive ersetzen

Schreibe alle negativen Gedanken, die du zu einem Thema hast, untereinander in einer Spalte auf. Fülle nun die gegenüberliegende Spalte mit positiven Aspekten zu dem Thema beziehungsweise mit einer positiven Betrachtungsweise. Versuche, das große Ganze zu sehen.

Aus dem negativen Gedanken „Ich habe heute schon wieder nicht die 5 Kilometer beim Joggen geschafft!“ könnte die positive Betrachtungsweise „Ich habe mich bewegt und arbeite weiter an meinem Ziel!“ werden.

Denkmuster langfristig verändern

„Alle aufrichtigen und weisen Gedanken sind bereits tausende Male gedacht worden, aber um sie uns wirklich zu eigen zu machen, müssen wir sie immer wieder ehrlich denken, bis sie in unserem persönlichen Ausdruck Wurzel schlagen.“

- Johann Wolfgang von Goethe

Wie wir immer wieder feststellen, sind wir als Menschen echte Gewohnheitstiere. Wir beschweren uns zwar gern über den immer gleichen Trott, aber Routinen und Alltag geben unserem Leben Stabilität und Sicherheit. Diese Sicherheit und Stabilität werden uns leider auch durch Muster vermittelt, die möglicherweise schädlich für uns sein können – eben einfach, weil sie gefühlt schon immer da waren und somit ein sicherer Hafen sind, etwas über das wir uns in dieser komplizierten Welt keine Gedanken machen müssen.

Du weißt natürlich längst, dass dir bestimmte Gedankenmuster nicht guttun. Du spürst vielleicht sogar körperlich, wie negativ sich manche Gedanken und Vorstellungen auf dich auswirken. Du spürst ein unangenehmes Kneifen in der Magengegend, wenn du an die blöden Sprüche des Chefs denkst oder dir fällt auf, dass du den Kiefer ziemlich fest aufeinandergepresst hast, nachdem du das x-te Mal darüber nachgedacht hast, wie du nur all die Aufgaben bewältigen sollst, die sich auf deiner schier endlosen To-do-Liste tummeln.

Und trotzdem rutschst du immer wieder in diese Gedankenmuster hinein. Kennst du das Bild mit der asphaltierten Autobahn und dem kaum sichtbaren Trampelpfad durchs Unterholz? Dein Gehirn greift zu der unkomplizierten, zu der viel genutzten Route. Hier setzen die folgenden Übungen an: Du kultivierst aktiv eine positive Denkweise und das bewusste Ausrichten auf schöne Dinge. Kennst du das: Du fragst deine Tochter nach dem Ausflug, wie es ihr gefallen hat und sie zählt die lange Busfahrt, die miese Verpflegung und den Regen am Ende auf. Wenn du dann nachfragst, was es denn Schönes gab, erntest du vielleicht ein Stocken, aber dann gibt es meist auch erstaunlich viel zu erzählen. Wir sind es aber häufig nicht gewohnt, so zu denken und zu sprechen. Negatives bekommt Aufmerksamkeit und ist ein beliebter Gesprächsstoff – denke nur an die Schlagzeilen in Zeitungen und im Social-Media-Bereich. Der Anteil an positiven Neuigkeiten und negativen Neuigkeiten ist äußerst unausgewogen – obwohl es sehr viel Berichtenswertes gibt, was für die Menschen positiv ist.

„Das Erscheinungsbild der Dinge wechselt entsprechend der eigenen Stimmungslage. So sehen wir Magie und Schönheit in Dingen, während die Magie und die Schönheit im Grunde genommen in uns selbst liegen.“

- Khalil Gibran

Du kannst mit einigen Übungen aber deinen Blick neu ausrichten und deine Aufmerksamkeit für Schönes schärfen. Wenn deine Gedanken aktiv damit beschäftigt sind, sich auf etwas Gutes zu konzentrieren, wird dir mehr Gutes auffallen. Das ist wie, wenn du überlegst, dir ein rotes Auto zu kaufen und plötzlich fallen dir überall rote Autos auf, die du vorher gar nicht gesehen hattest. Das liegt nicht daran, dass diese vorher nicht bereits da gewesen wären – nein, es ist dein Denken, das deine Wahrnehmung und deine Ausrichtung beeinflusst und so den Blick auf deine Welt mitgestaltet. Dir fallen mit einem besonderen Fokus ganz andere Dinge ins Auge als ohne diesen besonderen Fokus. Wie kannst du dich nun aber so ausrichten, dass du zu positiven Gedanken animiert wirst?

Schönheitsschatzsuche und Dankbarkeit kultivieren

Sicherlich kennst du ein Dankbarkeitstagebuch, in dem du einträgst, wofür du den Tag über dankbar warst. Dieses Aufschreiben hilft zum einen dabei, den kleinen Momenten des Glückes größere Aufmerksamkeit zu schenken und sie beim erneuten Durchleben (während des Aufschreibens) aktiv ins Gedächtnis zu holen. Zum anderen unterstützt es dich dabei, den Tag über den Fokus auf Dinge und Interaktionen mit anderen zu legen, für die du dankbar sein kannst.

Die Schönheitsschatzsuche funktioniert ähnlich. Stelle dich gedanklich auf Schönes ein und achte den Tag über darauf, wo und wann du mit deinen Sinnen etwas Schönes wahrnehmen kannst: Vielleicht ist es der aromatische Duft einer frisch gebrühten Kaffeespezialität, die du dir in der Mittagspause gegönnt hast oder

der besondere Lichtschein, der entsteht, wenn die Sonnenstrahlen durch ein grünes Blätterdach hindurchsickern?

Vielleicht ist es die herzliche Umarmung, die du zwischen zwei Menschen auf der Straße beobachtest oder ein ansteckendes Lachen unten auf der Straße? Wenn du dazu in deinem Alltag gezielt ein paar Augenblicke für Schönheit reservierst, ganz bewusst, und beispielsweise einen Bildband deines Lieblingskünstlers, ein großartiges Kleid oder einen altehrwürdigen Baum bewunderst und deinen Blick darauf ruhen lässt, die Schönheit richtig einsaugen kannst, dann schulst du deine Wahrnehmung dementsprechend.

Insbesondere dann, wenn du wie Nicole eher Negatives erwartest und deine ganze Weltanschauung darauf ausgerichtet ist, kann diese aktive Suche nach Schönem und nach Dingen, für die du dankbar sein kannst, deinen Blickwinkel maßgeblich verändern und dir dabei helfen, andere Sichtweisen ebenfalls zu akzeptieren und vielleicht sogar in dein Leben zu integrieren.

Auch hier ist es reine Übungssache. Du trainierst deinen Kopf darauf, gute Gedanken zu haben. Deine Gedanken werden sich öfter mit Schönem befassen, Schönes wird dir leichter auffallen, du wirst offener und empfänglicher für die großen und kleinen Wunder des Lebens.

Dadurch kommst du Stück für Stück weg von der Schwarzmalerei, die dir dein Leben konstant in dunkelsten Farben zeichnet - zu einer Sichtweise, in der nicht alles düster, auch nicht alles Schwarz-Weiß („Die anderen haben es immer gut, ich habe es immer schlecht getroffen“) ist, sondern in der sich dein Leben in all seinen bunten Farben vor dir zu entfalten beginnt.

Wenn du willst, kannst du diese Schönheitsmomente schriftlich festhalten oder anderweitig zelebrieren und so noch festigen: Wie wäre es mit einem Art-Journal, in dem du deine Eindrücke festhältst, einem Foto pro Tag oder einem Gedicht? Auch diese Auseinandersetzung mit dem Gesehenen und Erlebten, stärkt die Verbindung zu dem Schönen im Leben und hilft dabei, neue Wege deiner Gedankenautobahn zu festigen und auszubauen.

Achtsames zuordnen

Achtsamkeit lässt sich auf viele Arten kultivieren und kann dir auf ebenso viele Arten dabei helfen, deine Gedanken klarer zu erkennen, besser in den Griff zu bekommen und so zu verändern, dass du dich mit ihnen wohlfühlst.

Eigentlich ist die Achtsamkeit bei allen in diesem Buch vorgestellten Übungen deine ständige Begleiterin, aber trotzdem lohnt es sich, gezielt einige Achtsamkeitsübungen auszuprobieren.

Die hier vorgestellte Übung soll dir dabei helfen, deine Gedanken als Gedanken zu erkennen und nicht mit dir selbst zu verwechseln.

Oftmals lassen wir uns von einem Gedanken komplett einnehmen. Er überfällt uns und wir geraten in eine Lawine an Gefühlen. Wenn Sabine an dieses blöde Gespräch bei der Arbeit denkt, schmeckt ihr der Kuchen nicht mehr, der gerade vor ihr höchst appetitlich und verlockend auf dem Teller liegt. Das Gespräch, nachdem Sabine an ihren Fähigkeiten zweifelte, ist schon über zwei Wochen her, der Kuchen liegt noch direkt vor ihr. Ist sein Geruch jetzt weniger köstlich?

Nein, Sabine identifiziert sich nur mit diesen Gedanken an das Gespräch. Aus dem Gedanken „Der hat mir das Gefühl gegeben, ich sei inkompetent“ wird „Ich bin inkompetent.“ Aus „Dieser Gedanke stimmt mich traurig“ wird „Ich bin traurig.“

Wenn in dir ein Gedanke aufsteigt, den du als sehr heftig und einnehmend erlebst, dann versuche innerlich davon zurückzutreten. Bist du allein, kannst du das auch physisch umsetzen. Tritt bewusst einen großen Schritt zurück und stelle geräuschvoll beide Füße fest auf den Boden. Sage dir dann (innerlich oder laut): „Ich bin ich. Ein Gedanke ist ein Gedanke.“

Diese einfache Positionierung kann mitunter schon die nötige Distanz schaffen, um sich aus der Angst zu befreien, die nächsten Stunden in einem Grübelanfall unterzugehen. Es nimmt den Gedanken die Macht, sich aufzudrängen und dein Bewusstsein einzunehmen, wenn du dich nicht unmittelbar mit ihnen identifizierst.

Dieses Zurücktreten und bewusste Abgrenzen kannst du immer wieder üben, gerne auch mit körperlichem Einsatz: Du kannst die Arme vor der Brust kreuzen und eine typische Türsteher-Pose einnehmen. Du akzeptierst die Gedanken, aber du lässt nicht zu, dass du dein Sein mit ihnen gleichsetzt.

Wenn du so klar Position bezogen hast, spüre gerne nach: Wie fühlst du dich? Wie fühlt es sich an, die Kontrolle ergriffen zu haben? Konntest du mit den auftretenden Gedanken besser umgehen?

Achte einmal bei regelmäßiger Praxis darauf, ob es dir mit der Zeit leichter fällt, dich nicht mehr so intensiv mit deinen Gedanken zu identifizieren oder ob es dir möglicherweise sogar wie beim Meditieren gelingt, Gedanken als Gedanken zu bemerken und ihnen dann erst mal weiter keine Aufmerksamkeit zu schenken, sondern dich weiter auf das zu fokussieren, mit dem du dich eigentlich gerade beschäftigen wolltest.

Auf die Bremse treten

Hilfreich für Sabine wäre es hier, sich bewusst zu machen, dass ein Gedanke ein Gedanke ist. Er hat mal mehr, mal weniger Informationswert für dich, je nachdem in welcher Situation du bist. Es kann sinnvoll sein, umgehend auf einen Gedankenimpuls zu reagieren – etwa, wenn du gerade deine Einfahrt hinuntergehst und dir dann einfällt, dass du das Dachfenster aufgelassen hast und es heute regnen soll. In diesem Fall schützt dich der Gedanke vor einem nassen Wohnzimmer. Aber nicht immer ist es notwendig, umgehend zu reagieren. Du kannst also üben, zu unterscheiden, wann du sofort eine Reaktion zeigen musst und wann der Gedanke getrost im Hinterstübchen warten darf.

Erste Hilfe für die wilde Affenhorde

Die bereits vorgestellten Methoden sind sehr hilfreich, um deine Gedankenwelt langfristig positiver zu gestalten und deinen Fokus auf andere, angenehme Aspekte deines Lebens zu legen. Eine wohlwollende Einstellung dir und deiner Umgebung gegenüber wird sich enorm auf dich und deine Zufriedenheit auswirken. Was ist aber, wenn es um eine kurzfristige Lösung geht?

Vielleicht lassen dich die Gedanken einfach nicht zur Ruhe kommen und sie springen wie aufgeregte Äffchen in deinem Kopf hin und her. Vielleicht merkst du, wie du beginnst, kopflos zu agieren oder unangemessen mit deinem Umfeld zu interagieren, weil sorgenvolle Gedanken überhandnehmen und in deiner Vorstellung wahre Schreckensszenarien entstehen lassen. Was kannst du dann tun?

Sinnvoll sind hier Bewältigungsstrategien, um aus der negativen Gedankenspirale auszusteigen: Statt in den Vermeidungsmodus zu gehen oder dich voll und ganz in negativen Gedanken zu verlieren, kannst du verschiedene Bewältigungsstrategien, auch Copingmechanismen, erlernen. Diese helfen dir zum einen dabei, zu erkennen, wann du in eine negative Denkstruktur hineinfällst und zum anderen, wie du aus dieser wieder herausfinden kannst.

Im Folgenden werden dir ein paar Tricks und Kniffe an die Hand gegeben, die du ausprobieren kannst. Nicht jede Technik eignet sich in jeder Situation, aber du kannst einfach für dich ausprobieren, was zu dir und deinen tagesaktuellen Bedürfnissen passt. Wenn du sehr dazu neigst, dich in deinen Gedanken zu verlieren, schreibe dir vielleicht die besten Übungen oder Ideen auf, und lies sie in einem stressigen Moment ab, um dich zu erinnern und sie dann anwenden zu können.

Gedankenbremse

Diese Technik ist sehr hilfreich, wenn du merkst, dass sich die Gedanken in deinem Kopf mal wieder zu überschlagen beginnen oder das Katastrophisieren wieder die Oberhand zu gewinnen droht. Bist du allein? Dann stelle dich aufrecht hin, stemme die Hände in die Hüften, mache dich ganz groß und sage laut und deutlich: „STOPP!"

Du darfst auch gerne laut und sehr bestimmt klingen. Nutze deine gesamte Körpersprache und deine Stimmkraft, um deinem Stopp den nötigen Ausdruck zu verleihen. Dein Körper und dein Geist stehen in einer Wechselbeziehung. Wenn du dich ängstlich zusammenkauerst, dich von äußeren Reizen abschirmst und dich in deinen Kopf zurückziehst, ist es schwerer, aus dem Gedankenkarussell auszusteigen. Nimmst du eine selbstbewusste Pose ein und greifst du zu einer resoluten Stimmlage, teilt dein Körper deinem Geist viele positive und klare Signale mit, auf die er reagieren wird.

Wenn du in Gesellschaft bist, etwa in einer Konferenz oder in einem Wartezimmer bei der Zahnärztin, möchtest du vielleicht etwas subtiler vorgehen: Platziere deine Füße bewusst auf dem Boden, drücke sogar etwas die Sohlen deiner Schuhe an den Untergrund und setze dich ganz aufrecht hin. Mache dich groß auf deinem Stuhl und halte den Kopf gerade, damit der Atem gut fließen kann. Erlaube deinem Blick, deine Umwelt wahrzunehmen und sage innerlich ein klares und unmissverständliches „Stopp!". Dann wendest du dich wieder anderen Dingen zu, die dich interessieren.

Auch hier wirken deine Körperhaltung und die Stimmlage der inneren Zwiesprache auf dich und werden dir dabei helfen, den Gedankenwust zumindest kurzzeitig zu unterbrechen. Wenn du dir eine entsprechende Stimmlage nicht gut vorstellen kannst, wie wäre es dann mit einem knalligen Stoppschild? Oder einer hohen Wand?

Manche Menschen haben auch gute Erfahrungen damit gemacht, dieses innerliche Stopp mit einem taktilen Reiz zu verbinden, etwa einem kleinen Tipp an den Oberschenkel oder dem Zupfen am Ohrläppchen. Das geht auch prima und ganz nebenbei in der Öffentlichkeit und hilft dir dabei, dich aus deiner Gedankenwelt zu lösen und in deinem Körper im Hier und Jetzt anzukommen.

Wie funktioniert dein ganz persönliches Stopp am besten? Was stellst du dir vor?

Ohrwurm gegen Ohrwurm

Der Ohrwurm - ein Klassiker für alle Menschen mit Grübelzwang. Irgendetwas, das du gesagt hast oder irgendeine Bemerkung, die neulich die ständig nervende Krüger von gegenüber hinter deinem Rücken hat fallen lassen, besucht dich in deinem Kopf, wenn du es gar nicht erwartest. Und ist da. Und da. Und da. Du versuchst an etwas anderes zu denken, dir zu sagen, dass das vollkommen unwichtig ist, du über den Dingen stehst, dir das nichts ausmachen sollte, dass es dich nicht juckt, dass du nicht dran denken willst! Und doch schiebt es sich wie ein lästiger Ohrwurm eines Werbejingles immer wieder in deine Gedanken – vorzugsweise natürlich, wenn du gerade zur Ruhe kommst, einschlafen willst, mit deinem Jüngsten kuschelst oder ein paar romantische Stunden mit dem Herzensmensch geplant hast.

Es gibt verschiedene Methoden gegen einen Ohrwurm. Am einfachsten ist wohl das Akzeptieren und das Vertrauen darauf, dass er sich von alleine verabschiedet. Wer aber unter Grübelzwang leidet, kann sich regelrecht vor diesen unerwünschten Gedanken fürchten und sich dadurch erst recht in sie verbeißen.

Eine Alternative ist das Entgegensteuern mit einem anderen Ohrwurm. Bist du in einer sehr angespannten Situation, darf dieser gerne etwas richtig Schreckliches, Schrilles sein. Vielleicht dieser eine Prinzessinnensong von der Kindergarten-CD deiner

Tochter? Oder ein Werbeslogan aus den 90ern, bei dem du auch gleich entsprechende bunte Bilder vor Augen hast? Im besten Fall bringt dich das kurz zum Schmunzeln – der Grübelzwang wird unterbrochen.

Hast du etwas mehr Ruhe, kannst du natürlich auch mit einem Gegenspruch arbeiten, der deinen störenden Gedanken entkräftet oder ihn zumindest in Perspektive rückt. Probiere es mal mit dem Zusatz „Das ist möglich, aber nicht wahrscheinlich!“, wenn du dich in wüsten Angstfantasien rund um deine Kids oder deinen Partner verlierst.

Was ist dein zuverlässigster Ohrwurm?

Scheinwerfer neu ausrichten

Wir alle kennen den viel genannten „rosa Elefanten“, der gerne als Beispiel dafür verwendet wird, dass unsere Gedanken besonders gerne dahin wandern, wo sie nicht hinwandern sollen – eben, weil wir mit dem inneren Verbot quasi den Scheinwerfer auf das Thema gerichtet haben.

Wenn du jetzt damit beginnst, alte Gedankenmuster zu durchbrechen, gelingt dies meist leichter, wenn du sie nicht einfach aufgibst, sondern stattdessen durch etwas anderes ersetzt. Wandern deine Gedanken beispielsweise jeden Abend vor dem Einschlafen zu diesem einen Streitgespräch mit deinem Chef und du nimmst dir nun aus tiefstem Herzen vor, genau an dieses Gespräch nicht zu denken – was glaubst du, wird sich abends in deinem Kopf wie von selbst aufbauen? Richtig, das verflixte Gespräch, das du nicht mehr zerdenken wolltest.

Oder beschleichen dich vor einer neuen Herausforderung ganz automatisch Gedankenblitze wie „Das kann ich nicht!“ oder „Was da alles schiefgehen kann“?

Konzentrierst du dich nun vehement darauf, diese Gedankenblitze zu unterdrücken, beschäftigst du dich mit ihnen und wirst zudem auch unzufrieden mit dir sein, wenn du bemerkst, dass sich das Thema in deinem Kopf breitmacht.

Versuche stattdessen mal, den Scheinwerfer, deinen Fokus auf etwas anderes zu richten. Du kannst dir vorab schon gedanklich ein Thema zurechtlegen, damit du bestens vorbereitet bist, wenn dein Automatismus zuschlägt. Du konterst dann einfach blitzschnell mit deinem Alternativgedanken und bietest deinem Geist dieses Thema an.

Es gibt sicherlich unzählige Themen, die dich viel glücklicher machen, wenn du an sie denkst, und die dich mehr interessieren. Wähle dein Konter-Thema bewusst aus und passe es an die Situation an. Wenn du abends zur Ruhe kommen willst, präsentiere deinem Geist vielleicht als Thema die Gestaltung deines Gartenbalkons und verliere dich richtiggehend darin, welche Pflanzen du wann aussäen möchtest und ob dieses Jahr auch ein paar Gemüsesorten dabei sein sollen.

Probiere verschiedene Themen aus und setze sie dann konsequent ein. Du legst dich zur Ruhe, das Streitgespräch taucht in deinen Gedanken auf und wie eine Hundehalterin, die ihren Vierbeiner immer wieder freundlich (aber bestimmt) von einer Schlammpfütze wegführt, führst du deine Gedanken zu deinem Alternativthema. Übung macht hier eine Menge aus, weshalb du nicht gleich die Flinte ins Korn werfen solltest, falls du am Anfang noch Schwierigkeiten mit dieser Technik hast.

Welche Themen könnten sich für dich als Gegenthemen eignen?

Imaginative Verfahren

Die Auswahl an imaginativen Verfahren ist riesig. Je nach Technik eignen sie sich sowohl um hektische „Monkey Minds“ zu beruhigen, als auch um alternative Gedankenmuster aufzubauen - und sie sind prima, wenn mal alles zu viel zu werden droht und du eine dringende Pause von deinem Kopf brauchst.

Während die klassische Sitz-Meditation meist schon einen etwas ruhigeren Geist voraussetzt und mitunter nicht so gut funktioniert, wenn du kaum aus einem Gedankenkarussell aussteigen kannst oder etwas dich im höchsten Maße aufwühlt, sind Traumreisen hier eine großartige Alternative, weil du durch eine Stimme geleitet und ständig neu angeregt wirst.

Bist du sehr mitgenommen oder gestresst, kann die Vorstellung, jetzt ruhig mit deinem eigenen Geist zu sitzen, sogar recht unheimlich und einschüchternd sein.

Vielleicht hast du es mehrfach probiert und die Gedanken sind erst recht auf dich eingeprasselt und haben dich schier überrollt?

Wird dir aber stattdessen durch eine angenehme Stimme eine entspannende und beruhigende Geschichte erzählt, die dir dabei hilft, dich zu erden und zu sammeln, dann kann das herrlich wohltuend und auch als gute Form der Erinnerung wirken, welche Dinge dir jetzt guttun. Meist werden bei Traumreisen nämlich auch Aspekte aus verschiedensten Entspannungstechniken eingebunden. So wirst du daran erinnert, gut zu atmen, deine Anspannungen wahrzunehmen und loszulassen.

Im Netz, aber auch im Buchhandel findest du eine große Auswahl an Traumreisen und geführten Meditationen zu den unterschiedlichsten Themen, die deine Gedanken behutsam in eine förderliche Richtung lenken und dir dabei helfen, aus Gedankenspiralen auszusteigen. Falls du im Kapitel *Entdecke deine innere Welt* bestimmte Themenkomplexe ausmachen konntest, die dich immer wieder zum Grübeln bringen oder dich zu hektischen Gedankengängen verleiten, kann es hilfreich sein, eine Playlist mit unterschiedlichen Themen anzulegen.

Fällt es dir wie Sabine schwer, Vergangenes zu verabschieden, kannst du dir beispielsweise eine Playlist mit Meditationen und Traumreisen rund um das Thema *Loslassen* zusammenstellen. Wenn du mit Zukunftsängsten kämpfst, sind Aufnahmen rund um Aspekte wie *Selbstwert stärken* und *Kompetenzen aufbauen* geeignet.

Geht es dir wie Nicole und du hast mit einer düsteren Grundeinstellung zu kämpfen, dann versuche es mal mit Meditationen zum Thema *Selbstliebe und Wertschätzung*. Möchtest du dich bei deinen Traumreisen visuell unterstützen, kannst du auch beim Zuhören malen oder auf ein Bild schauen, das du mit etwas Schönem und Ruhigem verbindest, etwa einen klaren Bergsee oder einem Wald. Schau einfach mal, was du intuitiv mit Achtsamkeit und ruhigen Gedanken verbindest und wähle dahingehend ein Motiv aus. Vielleicht möchtest du dir ja auch eine Collage zusammenstellen, die du an einen festen Platz in deinem Zuhause hängst, den du aufsuchst, wenn du dich gedanklich sammeln möchtest?

Zu welchen Themen würden dir geführte Meditationen und Traumreisen guttun, um deine Gedanken in den Griff zu bekommen?

Affirmationen sind eine tolle „Ruck-Zuck-Methode“, um in einer akuten Gedankenspirale einen hilfreichen Anstoß von außen zu bekommen. Es gibt ganz unterschiedliche Formen, wie du Affirmationen für dich nutzen kannst. Vielleicht möchtest du dir ein Vision Board mit deinen Lieblingsaffirmationen erstellen – dabei kannst du ihnen mithilfe deines künstlerischen Ausdruckes noch mehr Bedeutung verleihen. Dein Blick fällt dann von ganz alleine darauf, wenn du ihn in deinem Schlafzimmer oder Büro schweifen lässt.

Auch als Hintergrundbild auf dem Handy ist ein einprägsamer Spruch, der dich aus dem Gedankenkarussell aussteigen lässt, klasse. Oder du kannst dir selbst Post-Its gestalten und diese an strategisch wichtigen Plätzen positionieren, etwa neben dem Spiegel oder am Nachttischchen, wenn du weißt, dass dir besonders an diesen Stellen in der Wohnung die Grübelfallen das Leben schwer machen.

Vielleicht magst du darüber hinaus andere Einsatzmöglichkeiten ausprobieren und deine Affirmationen chanten oder aufschreiben. Es gibt zudem geführte Meditationen mit Affirmationen zu den verschiedensten Themen, bei denen du dich durch eine sanfte Stimme führen lassen kannst und dazu angeregt wirst, mitzusprechen. Wunderbar, wenn dich alles zu überrollen droht und du dich eigentlich nach Hilfe von außen sehnst, aber in der Situation momentan keine verfügbar ist.

Übrigens: Viele von uns reagieren sehr gut auf den Klang der eigenen Stimme. Wenn du noch nicht so geübt darin bist, deiner Gedankenlawine aktiv zu begegnen und in solchen Momenten Affirmationen zu sprechen, kannst du dir auch selbst deine Lieblingsaffirmationen einsprechen, etwa per Handy oder mit einem klassischen Aufnahmegerät.

Am besten nimmst du dir dafür ein wenig Zeit, probierst aus, welche Affirmationen für dich am besten funktionieren und individualisierst sie nach Bedarf, sodass sie genau zu deinen Bedürfnissen und Anforderungen passen. Manchmal stört uns an einer vorgefertigten Affirmation nur ein Wort oder bei einer geführten Meditation die Art, wie jemand ein Wort betont oder einen Buchstaben ausspricht. Das kann bereits dazu führen, dass du von dem Eigentlichen abgelenkt wirst oder dich möglicherweise nicht mehr so ganz auf die Affirmation einlassen kannst.

Wenn du selbst kreativ wirst und genau die Sätze formulierst, die zu dir und deinem Leben passen, dann kann das dazu führen, dass die Arbeit mit Affirmationen leichter zugänglich für dich wird und mehr Wirkung auf dich hat.

Welche Affirmationen haben dir bisher gute Dienste erwiesen, wenn du deine Gedanken beruhigen wolltest?

Körper und Geist im Wechselspiel

Du weißt: Dein Körper reagiert auf deinen Geist und dein Geist auf deinen Körper.

Mache dir dieses Wissen auch in akuten Stresssituationen zunutze, indem du deinen Körper aktiv mit einbeziehst, wenn du aus einer Gedankenspirale ausbrechen oder Abstand zu belastenden Gedanken bekommen möchtest. Bist du gerade unterwegs, kannst du ein paar der folgenden kleinen Tricks beherzigen, um dich wieder zu erden, die kaum auffallen und somit sowohl in der U-Bahn als auch im Büro oder beim Planen der schulfreien Zeit praktiziert werden können.

Dufte Sache

Nutze Duft, um deine aufgescheuchten Gedanken zu beruhigen. Für jeden Menschen gibt es Düfte, die klärend oder entspannend auf ihn wirken. Dein Gehirn ist mit dem Verarbeiten des Duftes beschäftigt und wird Bereiche aktivieren, die Verknüpfungen zu angenehmen Erinnerungen, Gefühlen und Gedanken erlauben. Es gibt mittlerweile Aromatherapie-Roll-On-Stifte zu kaufen, die beruhigen, aufmuntern oder dabei helfen sollen, einen klaren Kopf zu bekommen oder zu bewahren. Ist dir das zu auffällig, kannst du auch einfach eine fein duftende Handcreme nehmen und dir kurz die Hände eincremen. Somit haben die gleich etwas zu tun und du sprichst dein Gehirn direkt mehrfach an, weil es die Bewegungen deiner Finger koordinieren muss und der Duft bei dir ankommt. Das erlaubt eine wunderbare Pause von deinem Gedankenorkan und gibt dir die Möglichkeit, innerlich einen Schritt zurückzutreten, neu auf die Situation zu schauen und deine Denkmuster zu überprüfen. Einfacher, unauffälliger und wirkungsvoller geht es kaum.

Welche Düfte funktionieren bei dir gut, um dich aus einer Gedankenlawine zu befreien?

Mini-Bodyscan und PME to go

Üblicherweise sind die geführten Bodyscans zwischen 20 und 40 Minuten lang. Überrollt dich eine Gedankenlawine mit voller Wucht, hast du möglicherweise nicht die Ruhe, die angedachte Dauer durchzuführen und fühlst dich beim bloßen Gedanken daran zusätzlich unter Stress gesetzt. In solchen Fällen – oder auch dann, wenn du gerade in der Öffentlichkeit unterwegs bist und dich nicht einfach mal länger der Beruhigung deines Geistes widmen kannst – bietet sich ein Mini-Bodyscan an.

Meist wird empfohlen, dass sich die Praktizierenden für den Bodyscan in Rückenlage auf den Boden begeben. Im Zug oder im Großraumbüro ist das eher schlecht möglich. Vielleicht gibt es einen Pausenraum, in den du dich zurückziehen kannst oder zur Not auf die Toilette? Falls dies nicht möglich ist, bleibe einfach an deinem Platz und nimm eine aufrechte Sitzposition ein. Fühle, wo dein Körper den Boden und wo er andere Oberflächen berührt, etwa die Sitzfläche des Stuhles oder dessen Rückenlehne. Beginne dann von deinen Füßen aus, ganz bewusst und Stück für Stück, gedanklich durch deinen Körper zu wandern.

Über die Knöchel zu den Unterschenkeln, die vielleicht an die Stuhlbeine lehnen, zu den Kniekehlen und den Oberschenkeln, die auf der Stuhlfläche aufliegen, zu deinem Rumpf bis zu deinen Armen und Händen. Nacken, Hals, Kopf und Gesäß scannst du danach gedanklich ab. Wann immer deine Gedanken hektisch auf Wanderschaft gehen wollen, führst du sie bestimmt und liebevoll wieder zu deinem Scan zurück und folgst dem Ablauf. Am Ende kannst du versuchen, gedanklich den gesamten Körper als Ganzes wahrzunehmen.

Fällt dir das noch zu schwer, kannst du durch bewusstes An- und Entspannen deinen Fokus auf die einzelnen Körperregionen lenken und dort halten. Du machst also eine „Progressive Muskelentspannung to go“. Wenn du diese öfter in der langen Form trainiert hast, kann es sein, dass dein Körper und dein Geist schon so daran gewöhnt sind, dass auch die kurze Variante rasch auf dein Befinden wirkt und dir dabei hilft, dich zu erden und deine Gedanken zu beruhigen.

Körper-Anker setzen und Reize nutzen

Wenn du bereits eingeübt hast, mögliche Gedankenspiralen mit mentalen Gegenmaßnahmen zu unterbrechen, so kannst du zur

Verstärkung einen Körper-Anker setzen. Vielleicht kennst du aus Film und Fernsehen Szenen, in denen sich die Hauptfigur davon abbringen will, an etwas zu denken, indem sie ein Gummiband an ihr Handgelenk schnellen lässt. Durch die körperliche Empfindung wird der Fokus von den Gedanken weg zu der entsprechenden Körperstelle gelenkt.

Zwar handelt es sich bei dieser Maßnahme um eine, die je nach Intensität des Zurückschnellens gesteuert werden kann. Trotzdem raten viele Psychologen mittlerweile davon ab, da diese Maßnahme als negativ oder als Form des Abstrafens für deine Gedanken bewertet werden kann. Es soll ja vielmehr darum gehen, einen neutralen oder positiven Reiz zu setzen – zum einen, um aus schlimmen und einnehmenden Gedanken wieder aufzutauchen und zum anderen, um die als förderlich wahrgenommenen Gedanken zu festigen.

Wenn du merkst, dass dich beispielsweise eine Welle aus Angstgedanken zu überrollen droht, dann probiere mal aus, welche Reize dir dabei helfen, aus deinem Kopf wieder ins Hier und Jetzt, in deine Realität zurückzukommen.

Welcher Sinn ist bei dir besonders ausgeprägt? Es kann auch sein, dass einer deiner Sinne in einer Angst- oder Grübelsituation weniger gut ansprechbar ist, weshalb es lohnend sein kann, verschiedene Reize auszuprobieren und einen kleinen Werkzeugkasten in petto zu haben.

Riechen

Deinen Geruchssinn haben wir schon gezielt im Abschnitt *Dufte Sache* angesprochen. Du kannst aber auch einfach einen starken Duftreiz setzen, der jetzt nicht unbedingt eine entspannende Wirkung haben muss. Probiere es mal mit dem Duft deines frisch gebrühten Kaffees oder eines scharfen Minzbonbons. Beides lässt sich problemlos auch in deinen Berufsalltag integrieren und fällt nach außen nicht auf, gibt dir aber die Möglichkeit, dein Karussell anzuhalten und wieder auszusteigen. Immer dann, wenn du es schaffst, dich erfolgreich zu ankern, kannst du zum Abschluss noch mal bewusst den Duft einatmen und somit eine gedankliche Verbindung schaffen. Auf diese Weise wird dich auch der alleinige Duft mehr und mehr an dein Ankerungsgefühl erinnern.

Tasten

Möchtest du mit deinem Tastsinn arbeiten, biete ihm etwas Angenehmes, Ungewöhnliches an, was seine Aufmerksamkeit fesselt, etwa eine besonders samtige Oberfläche eines kleinen Plüschtieres, etwas sehr Glattes, Kühles (wie einen Handschmeichler) oder die raue Oberfläche eines Steines. Du kannst nach deinem Objekt greifen und es in der Hand bewegen und somit deine Gedanken gezielt zu deinen Empfindungen lenken, statt ihnen zu erlauben, sich weiter im Kreis zu drehen.

Das geht auch prima in der Öffentlichkeit.

Hast du dich geerdet, fühle dein Objekt noch mal ganz bewusst und knüpfe das Gefühl der Ruhe und Klarheit daran. Du kannst auch mit Temperatur arbeiten. Verlierst du dich in hitzigen Eifersuchtsgedanken oder in Sorge um die Kinder, dann nimm einen Eiswürfel in die Hand oder lasse dir unterwegs etwas kühles Wasser über die Handgelenke laufen, wenn eine Waschgelegenheit in der Nähe ist.

Etwas, das vielen Leuten Ruhe vermittelt, ist Wärme. Umschließe, wenn du unterwegs bist, deinen To-go-Becher mit beiden Händen oder nutze einen Taschenwärmer. Lässt du in einer unruhigen Minute während des Pendelns dann die Hände in deine Manteltasche gleiten und fühlst dort die Wärme, kannst du dich ganz darauf konzentrieren und die damit verbundenen Emotionen aufsteigen lassen, wie Sicherheit und Geborgenheit.

Hören

Nicht überall wirst du die Möglichkeit haben, dir eine entspannende Musikuntermalung zu gönnen, um deine Gedanken zu beruhigen. Vielleicht kannst du aber den Ton einer Achtsamkeitsglocke auf deinem Smartphone installieren und diesem in einer kurzen Pause an deinem Platz lauschen, wenn die Gedanken rasen. Viele Menschen mögen Vogelgezwitscher oder andere Naturgeräusche, wie Wellenrauschen oder Regen, sehr gerne, um sich zu sammeln.

Alternativ kannst du deine kurzen Affirmationen einsprechen und abspielen oder eine geführte Meditation anhören, etwa, wenn du in der U-Bahn oder im Bus sitzt. Probiere aus, was für dich gut funktioniert. Vielleicht willst du auch selbst dein Geräusch erzeugen. Hast du dich beispielsweise erfolgreich aus einer Gedankenspirale befreit, kannst du pfeifen. Unterbrichst du einen ungesunden Gedanken, kannst du schnalzen. Somit weiß dein Kopf, dass diese Geräusche mit diesen Aktionen zusammenhängen und sie können das erwünschte Verhalten positiv bestärken.

Schmecken

Ganz gleich, ob es ein schöner Schluck Tee, ein kalter Sprudel mit ordentlich Kohlensäure (hier wird auch gleich noch der Tastsinn angesprochen) oder ein erfrischender Kaugummi ist – auch dein Geschmackssinn braucht Aufmerksamkeit und kann Gedanken unterbrechen.

Wir neigen dann gerne dazu, zu stark schmeckenden Lebensmitteln voller Fett und Zucker zu greifen, die eher ungesund für uns sind. Daher ist es super, wenn du ein paar To-go-Lebensmittel oder -Getränke findest, die dir gut bekommen und trotzdem den nötigen Reiz setzen.

Kennst du diese britischen Krimis, in denen die aufgebrachte Gräfin mit einer schönen Tasse Tee beruhigt wird und allein beim Aussprechen des Angebotes schon ruhiger wird? Diese Verbindung kannst du auch bewusst knüpfen. Vielleicht funktioniert bei dir ja auch ein Limettenwasser oder eine heiße Milch mit Honig? Probiere aus, was dir guttut und was dir hilft, deine Sinne so anzusprechen, dass du dich erden und fokussieren kannst. Kleiner Tipp: Mit Pfefferminze wird häufig geistige Klarheit assoziiert. Magst du Pfefferminztee?

Sehen

Sicher kennst du auch ein Bild, was in dir sofort ein Gefühl von Ruhe oder Klarheit aufsteigen lässt. Das kann der Blick auf verwunschene Wälder, die Weite des Meeres, einen blauen Himmel, lachende Menschen oder schlafende Hundebabys sein. Welche Bilder steigen in dir auf, wenn du diese Zeilen liest? Versuche, ein schönes Bild im Internet oder ein entsprechendes Foto in deiner Sammlung zu finden, drucke es aus und lege es in deine Schreibtischschublade. Alternativ kannst du es auch als Motiv für deinen Startbildschirm des Handys nutzen. Schaue dieses Bild immer an, wenn du deine Gedanken erfolgreich beruhigt oder in die richtigen Bahnen gelenkt hast und schaffe somit aktiv eine entsprechende Verknüpfung.

Diese Verknüpfungen und Reize sind Hilfsmittel, die du einsetzen kannst, wenn du dich stark überfordert fühlst. Es ist nicht Sinn des Ganzen, dass du ausschließlich damit arbeitest und so deine Gedanken nur über ein Hilfsmittel von außen regulieren kannst. Sie sind aber wunderbar geeignet als Unterstützung auf dem Weg dahin. Stelle sie dir vor wie eine Art Krücke, die du nutzt, während dein verletztes Bein heilt. Ist es stark genug, kannst du ohne diese Unterstützung agieren. Du wirst mit der Zeit immer seltener zu diesen Krücken greifen müssen, kannst sie aber nutzen, wenn du doch mal etwas mehr Unterstützung benötigen solltest und hast somit eine Form von Sicherheit, die das Losgehen in unbekannte und auch sehr unbequeme und herausfordernde Gebiete erst mal leichter macht.

Eine besondere Phase für deine Gedankenwelt

Achtung: Umgewöhnen braucht Zeit! Das gilt auch dann, wenn du lernen willst, negative Gedankenspiralen zu durchbrechen. Habe daher immer Nachsicht mit dir selbst, wenn du neue Techniken ausprobieren willst und dir diese schwerfallen oder du nicht gleich die erwünschten Resultate erzielst. Wichtig ist es dann, zwar am Ball zu bleiben und konsequent weiter zu üben, aber nicht in herrische Strenge oder Frustration zu verfallen. Härte gegen dich selbst füttert nur die Gedanken, von denen du dich eigentlich lösen willst und hält dich davon ab, positive und hilfreiche Gedankenmuster zu etablieren.

Natürlich solltest du eine gewisse Disziplin an den Tag legen und es ist prima, wenn du voller Eifer üben magst - aber auch die Phase des Einübens ist eine Umgewöhnung und sollte daher liebevoll und umsichtig praktiziert werden.

Der Weg ist hier bereits das Ziel und es geht keinesfalls darum, jeden Gedanken kontrollieren zu können. Keine Technik ist vollkommen, keine Methode wird in jeder Situation greifen. Du bist ein wunderbar komplexes Wesen, das sich immer weiterentwickelt und immer wieder vor neuen Herausforderungen steht. Versuche daher nach Möglichkeit, die vorgestellten Techniken und Methoden als Werkzeuge zu sehen, die du je nach Anlass und Bedarf nutzen kannst. Wenn dir eine Technik nicht zusagt, kannst du sie gern noch mal zu einem späteren Zeitpunkt ausprobieren oder zur Seite stellen und einfach zu einem anderen Werkzeug aus deinem Koffer greifen. Wenn du merkst, dass eine Technik nicht mehr so gut wie früher funktioniert oder in einer bestimmten Situation nicht greift, rutsche bitte nicht in alte Verhaltensmuster, indem du mit negativen Gedankenspiralen beginnst (woran das liegen könnte und ob du schuld sein könntest).

Perfektionistinnen aufgepasst!

Der Ansatz „ganz oder gar nicht" scheint auf den ersten Blick zwar besonders Erfolg versprechend (wenn ich mir keine negativen Gedanken mehr antue, geht es mir schnell besser), kann aber auf dem Weg zu einem befreiteren Denken behindern, anstatt förderlich zu sein.

Es handelt sich eher um ein unerreichbares Ziel und es wird deinen Anstrengungen auch nicht gerecht. Versuche, die Arbeit mit deinen Gedanken daher als Prozess zu sehen, als bewusste Praxis, in der du immer etwas Neues ausprobieren, erleben und entdecken kannst. So behältst du auch die nötige Flexibilität und machst dein Denken nicht abhängig von starren Vorgaben, nur um auf der „sicheren Seite" zu bleiben.

Positiv bleiben in besonders schwierigen Situationen

Positives Denken, achtsam mit seinen Gedanken umgehen, das Leben beeinflussen, durch das, was man denkt – all dies bietet so viel Potential, wie du mittlerweile weißt – aber es ist mitunter auch verflixt schwer umzusetzen und zudem Nährboden für versteckte Vorwürfe und Selbstvorwürfe, wenn es als Allheilmittel betrachtet wird.

Besonders auffällig wird das, wenn wir in schwierigen Lebensumständen stecken. Dabei spielt es keine Rolle, ob es sich um eine Krankheit, chronische Schmerzen aufgrund eines Unfalles, einen materiellen oder persönlichen Verlust, Arbeitslosigkeit oder andere persönliche Krisen (wie Liebes- oder Freundeskummer) handelt.

Diese Umstände sind eine ganz besondere Herausforderung für Körper, Geist und Seele und nicht selten bergen sie die Gefahr, komplett in negativen Gedanken zu versinken.

Es ist selbstverständlich, dass du im Angesicht einer persönlichen Krise nicht unbedingt die Kapazitäten übrighast, um neue Denkmuster zu kultivieren und es ist ebenso verständlich, dass, selbst wenn du schon ziemlich geübt bist in deinen neuen Denkweisen, alte Gedankenmuster wieder auftreten können. Ohnehin sind als negativ empfundene Gedanken absolut natürlich in einer solchen Situation und sie sollten auch nicht unterdrückt werden.

Leider missverstehen einige Menschen das achtsame Denken als Handlungsempfehlung, unangenehme Gedanken vollkommen zu negieren und so zu tun, als wäre alles in Ordnung. Dabei können diese unangenehmen Gedanken dann nicht ihre eigentliche Funktion (uns zu warnen, zu schützen) übernehmen. Wir können sie in schwierigen Situationen als Hinweis wahrnehmen, als Chance, ins Handeln zu kommen. Wichtig ist dabei auch, in Krisensituationen die Angemessenheit zu überprüfen. Wenn du wegen einer Sache angeschlagen bist, etwa, weil du deinen Job zu verlieren drohst oder einem lieben Menschen aus deinem Umfeld ein schwerer Unfall widerfahren ist, dann kann das nicht selten dazu führen, dass sich wieder Grübeleien und Katastrophisierungsgedanken breitmachen:

„Hätte ich doch nur die Vorsorgeuntersuchungen wahrgenommen, dann wäre das früher entdeckt worden“, „Was ist, wenn meiner Kleinen auch so ein Unfall passiert? Ab sofort sollte ich sie nicht mehr mit ihren Freundinnen zum Schwimmen lassen“ - Kurzschlussreaktionen, Selbstzerfleischung und Frustration sind nicht selten die Folge davon.

Diese Gedanken sind wenig hilfreich und rauben dir in so einer anstrengenden Zeit die so dringend benötigten Energiereserven. Angemessene Besorgnis hingegen führt im besten Fall zu einem sinnvollen und weitsichtigen Handeln: Du lässt den komischen Knoten in der Brust nachschauen und gehst auf diese Weise sorgsam und mündig mit dir und deiner Gesundheit um. Wenn dir der Arzt versichert, dass es keine Auffälligkeiten gibt und du immer noch unsicher bist und dir Gedanken machst, er könne sich geirrt haben, kannst du eine zweite Meinung einholen. Ständige Gedankenschleifen rund um dieses Thema, das Schreiben in zig Medizinforen im Internet, Ärztehopping, panische Analysen deiner Vergangenheit und Horrorvorstellungen deiner Zukunft können jedoch deine Gesundheit und deine Selbstwirksamkeit beeinträchtigen und sogar dein Immunsystem schwächen.

Bitte lasse in Krisensituationen ganz viel Verständnis mit dir zu Tage treten und schaue genau hin, was dir neben den zu erwartenden Gedanken und Emotionen noch zusätzlich Stress macht.

Bist du gedanklich schon in einem Katastrophenszenario der Zukunft, von dem du eigentlich noch gar nicht sagen kannst, ob es so eintreten wird und verlierst du dich emotional komplett darin? Fühlst du dich vom Leben verraten und in deiner negativen Einstellung gegenüber allem und jedem bestätigt und fragst dich, wieso du überhaupt noch an dir arbeiten sollst, wenn doch eh alles schiefgeht?

Wälzt du die vergangenen Monate deines Lebens nach Anzeichen dafür durch, dass die jetzige Situation eintreten wird und machst du dir selbst Vorwürfe, wie du es dazu hast kommen lassen?

Wenn du weißt, aus welcher Richtung deine gedanklichen Haken stammen, kannst du ihnen weiter auf den Grund gehen und sie auf ihre Richtigkeit überprüfen. Frage dich: Ist diese Vorstellung, die ich da in meinem Kopf geschaffen habe, möglich?

Falls sie möglich ist, ist sie auch wahrscheinlich? Falls sie wahrscheinlich ist, wie kann ich jetzt am besten damit umgehen?

Versuche, aktiv zu werden, aus deinem Gedankenkarussell auszusteigen und in den Machermodus zu gehen. Das kann besonders schwer sein, wenn es dir ohnehin sehr schlecht geht und dich eine Krankheit oder ein Schicksalsschlag schwächt! Versuche, dich unter diesen Voraussetzungen zu fragen, was du dir jetzt, genau jetzt Gutes tun könntest, um die Situation besser bewältigen zu können – auch gedanklich. Welche Gedanken erlebst du als förderlich, welche tun dir weh, verschlimmern das Leid, machen dir Angst?

Gib dir die Chance, dies für dich ganz persönlich herauszufinden und achte darauf, dir dabei auch von niemandem hereinreden zu lassen. Nur du weißt, welche Gedanken dir guttun, und nur weil eine Person etwas als hilfreich empfindet, muss dies nicht für die nächste gelten. Sich inspirieren und motivieren zu lassen ist klasse, unterstützt auch – unter Druck setzen oder Vorwürfe im hübschen Gewand sind es nicht.

Selbst schuld? - Die Krux mit dem positiven Denken

Wenn dich jemand dafür verurteilt, dass du dir berechtigt Sorgen machst, und meint, du würdest dir bloß nicht genug wünschen, gesund zu sein oder du müsstest nur deine Gedanken fest genug ausrichten und dann wäre dein Leid mit einem Schlag vorbei – dann darfst du hier klare Grenzen setzen!

Ja, du kannst die Auswirkungen deines Problems dadurch abmildern, dass du achtsam und besonnen mit dir und deinen Gedanken umgehst. Du kannst dir immer wieder sagen, dass du nicht deine Gedanken bist, dass du nicht jedem Gedanken blind glauben musst und dass du an deinen Gedanken arbeiten kannst, um herausfordernde Zeiten besser durchstehen und bewältigen zu können. Du kannst dadurch vom passiven Zuschauer in eine aktive Rolle gelangen, die es dir erlaubt, zu handeln.

Aber du kannst nicht all die Geschicke dieser Welt steuern. Es liegt nicht in deiner Macht und es ist nicht deine Aufgabe. Wenn du Probleme mit deiner Gesundheit hast, bist du nicht schuld daran, weil du nicht positiv genug denkst. Wenn dein Herz wegen eines tragischen Verlustes zu zerreißen droht, dich das extrem mitnimmt, du nicht sofort von einer Chance zum Wachstum sprichst und wie man daran das Schöne sehen kann – dann ist das vollkommen okay.

Eine positive und achtsame Einstellung inklusive entsprechender Gedanken ist hilfreich, keine Frage – aber sie ist kein Garant für dauerhaftes Glück und auch keine Schutzrüstung gegen Verlust und Trauer. Es ist sogar so, dass diejenigen, die versuchen, ihre Trauer oder Wut damit zu überdecken, daran krank werden können.

Erlaube dir deine Gefühle, achte darauf, deine Gedanken in achtsame Bahnen zu lenken und gestehe dir zu, dass in schlimmen Momenten die Gedanken und Emotionen auch diese Stimmung widerspiegeln, aber keinesfalls verantwortlich für diese Probleme sind.

Bitte lasse nicht zu, dass jemand deine berechtigten Gefühle mit falscher Positivität überrennt oder dir eine Verantwortung aufbürdet, die bei dir nichts zu suchen hat. In solchen Fällen ist es wichtig, dass du für dich klarmachst, welche Anteile deine sind und welche nicht, und dich nicht dazu verleiten lässt, zu allem Überfluss auch noch die Schuld bei dir zu suchen. Achtung: Oftmals wissen Menschen einfach nicht, wie sie in einer Krisensituation mit dir umgehen sollen. Vielleicht wollen sie dich mit einem künstlichen positiven Gedankengerüst stärken und meinen es nur gut. Trotzdem hast du die Verantwortung für dich und darfst sagen, dass du es wertschätzt, dass sie helfen wollen, dir diese Form aber wenig guttut und du x oder y hilfreicher finden würdest.

Bemerkst du, dass jemand diesen Ansatz nutzt, um dich zu beschämen, die Verantwortung von sich zu weisen und dir die Schuld in die Schuhe zu schieben, kannst du die Person ruhig damit konfrontieren, wenn du aktuell die Kraft dazu hast. Halten dich deine aktuellen Probleme momentan davon ab, kannst du dir auch einfach deinen Teil denken und dich innerlich klar davon distanzieren.

Diese Gedanken lässt du dir nicht aufzwingen und du lässt dir nicht einreden, dass du für Dinge verantwortlich bist, die nicht zu beeinflussen sind oder die auf dem Mist anderer gewachsen sind! Auch das kann in schweren Situationen eine zusätzliche Kraftanstrengung bedeuten - aber sie wird sich auszahlen, denn sie wird dich davon abhalten, in einen destruktiven Zustand des Selbstvorwurfes zu geraten. Stattdessen bleibt dein Blick frei für die Dinge, die du wirklich tun kannst, um deine Situation zu verbessern und durch diese Krise zu gehen.

Was ist nun aber, wenn du tatsächlich schuld an deinem Problem bist? Wenn dir ein schreckliches Missgeschick passiert ist, du deine Gesundheit vernachlässigt hast, dein Verhalten zu dem Bruch einer Beziehung geführt hat?

Dann ist es von besonderer Bedeutung, dass du die Gedanken überprüfst, die du bezüglich deiner Person gebildet hast. Überträgst du diese Situation auf andere, frei nach dem Motto „Hier habe ich einen Fehler gemacht – jetzt werde ich immer Fehler machen“, „Ich habe jemandem wehgetan und verdiene daher selbst kein Glück“, „Ich habe wichtige Personen in meinem Leben enttäuscht und sollte daher auch Enttäuschungen erleben“?

Trägst du Scham oder Schuld mit dir herum? Wenn du dich dem Ganzen in einer ruhigen Minute stellen kannst, schau mal, ob deine Reaktion angemessen ist. Stelle dir einmal folgende Fragen:

- Hast du versucht, deinen Fehler wiedergutzumachen? Hast du versucht, dich bei den Betroffenen zu melden und diese aufrichtig um Entschuldigung zu bitten?
- Akzeptierst du, dass du einen Fehler gemacht hast?
- Fällt es dir schwer, Fehler als Teil deiner Entwicklung anzunehmen und kaschierst du diese lieber?
- Hältst du dir das Geschehen vor?
- Fühlst du dich schuldig?
- Kannst du dir vergeben?

Die letzte Frage ist besonders wichtig. Es ist wunderbar, wenn dir Betroffene vergeben haben. Wenn du dir aber selbst nicht verzeihen kannst, einen Fehler gemacht zu haben, kann sich dies stark in deinen Gedanken widerspiegeln. Sie werden dann überschattet von diesem Ereignis und immer wieder damit in Verbindung gebracht. Der erste Schritt, die eigenen Gedanken dahingehend in Ordnung zu bringen, könnte dann der sein, sich in Verzeihung und Akzeptanz zu üben. Auszuhalten, dass man sich falsch entschieden oder schlecht verhalten hat, ist schwer, aber es gibt dir die Möglichkeit, deinen Fehler als solchen anzuerkennen und von dort aus in die richtige Richtung weiterzugehen.

Ein achtsamer und liebevoller, verständnisvoller Umgang mit dir und deinen Gedanken, insbesondere in schwierigen Situationen, kann sich sowohl auf deinen Geist als auch auf deinen Körper sehr förderlich auswirken. Mittlerweile weiß auch die Medizin um das Zusammenspiel zwischen Gedanken, Emotionen und Körper und befasst sich auf dem Feld der Psychosomatik (*Psyche* steht für die Seele, das Wort *soma* steht für den Leib/den Körper) damit, wie sich körperliche Beschwerden auf die Seele auswirken und wie das seelische Wohlbefinden die Verfassung des Körpers beeinflussen kann.

So lohnt es sich, für die eigene Gesundheit nicht nur den Körper zu trainieren und zu pflegen, sondern auch eine Gedankenhygiene und ein Gedankentraining zu betreiben. Dadurch kann psychosomatischen Schmerzen vorgebeugt werden, denn wenn deine Gedanken klar sind und du im Einklang mit dir und deiner Psyche bist, kannst du auch möglichen aufkommenden oder bestehenden körperlichen Problemen mit positiven Gedanken begegnen.

Jeder Mensch hat Selbstheilungskräfte. Wer Jahre lang den Gedanken gepflegt hat, er hätte diese nicht und müsse sich einem Schicksal als kranker und leidender Mensch ergeben, blockiert sich selbst und nimmt sich die Möglichkeit, die eigene Situation selbst mit zu verbessern.

Es muss nicht gleich die beinharte Überzeugung sein, dass du auf jeden Fall gesund werden kannst, ganz gleich, was du hast. Ein realistischer Anspruch, den eigenen Zustand und das Erleben des Körpers beeinflussen zu können, hilft bereits, Schmerzen besser auszuhalten, nicht in Hoffnungslosigkeit zu versinken und die zur Verfügung stehenden Möglichkeiten zu nutzen, um die eigene Situation so angenehm wie möglich zu machen.

Das Gesetz der Anziehung

Das Gesetz der Anziehung, auch unter der englischen Bezeichnung *Law of Attraction* bekannt, ist immer wieder ein beliebtes Thema in den Medien und wird heiß diskutiert. Es gibt unterschiedliche Ansichten darüber, inwiefern welche Ansätze zu diesem Thema nun stimmen. Die Wissenschaft kennt unter anderem die sich selbst erfüllende Prophezeiung, auch unter der englischen Bezeichnung *self-fulfilling prophecy* bekannt.

Wir alle waren bestimmt schon mal Zeuge einer solchen sich selbst erfüllenden Prophezeiung. Erinnere dich an Sabine aus unserem dritten Beispiel. Sie hatte sich gleich morgens voll Schaudern an den Elternabend erinnert und „wusste“ schon im Voraus, dass das dort wieder „Zickenkrieg“ geben würde, schließlich seien ja alle Menschen irgendwie unfreundlich und nur auf ihren eigenen Vorteil bedacht.

Mit dieser Einstellung in eine Situation zu gehen, sorgt dafür, dass wir zum einen bestimmte Signale ausstrahlen, die von unserem Umfeld verständlicherweise nicht als sonderlich positiv aufgenommen werden, zum anderen färbt es unsere Sicht auf die Ereignisse.

Die Mütter von Timo und Julia stehen zusammen, gucken rüber und lachen. Die lachen bestimmt über mich! Die Agnes hat mich beim Reinkommen nicht mal gegrüßt, sondern runter geguckt. Bestimmt, weil sie mir aus dem Weg gehen will. Dass die Agnes vielleicht runter geschaut hat, weil ihr Handy vibriert hat und sich die Mütter von Timo und Julia gerade über einen witzigen Film austauschen, kann Sabine dann gar nicht in den Sinn kommen.

Stattdessen interpretiert sie ablehnendes Verhalten in das ihrer Mitmenschen und strahlt selbst eine feindlich gesinnte Haltung aus, die die anderen womöglich abschreckt – was dazu führt, dass diese sich tatsächlich abwenden, wodurch Sabine sich wieder bestätigt fühlt. Die düstere Prophezeiung hat sich erfüllt.

Was ist nun aber, wenn du die gleiche Vehemenz, die du gedanklich an den Tag legst, um die düstere Zukunftsprognose aufrechtzuerhalten und bestätigt zu sehen, dafür nutzen würdest, von etwas Gutem auszugehen?

Bei beiden Szenarien kannst du nicht sicher sagen, ob und welche wann wie eintreten wird – und doch fällt es uns üblicherweise viel schwerer, von einer positiven Zukunft auszugehen und positive Gedanken zu hegen, als die negative Variante in die Welt zu tragen.

Läuft dir ein innerlicher Schauer den Rücken hinunter, wenn du dir vorstellst, du müsstest deiner besten Freundin von dem anstehenden Elternabend erzählen und dann Sätze sagen wie: „Die werden dann alle total nett sein und ich werde wieder mittendrin sein und wir werden prima vorankommen!" Da hält dich doch jeder für verrückt. Eine Tagträumerin! Eine Spinnerin! Eine, die man nicht ernst nehmen kann. Meckern ist in Mode. Und wir nehmen es lieber in Kauf, für muffelig, aber dafür für nüchtern gehalten zu werden, als für eine versponnene Tagträumerin.

Zudem spielt häufig auch einfach Angst vor Enttäuschung eine tiefsitzende Rolle. Wenn wir vom Schlechtesten ausgehen, dann können wir nicht enttäuscht werden. Wenn wir die anderen von vornherein ablehnen, können wir nicht ausgeschlossen werden. Diese Risiken scheinen uns so besser kontrollierbar, als dass wir uns emotional auf etwas einlassen und dann möglicherweise enttäuscht werden.

Auch in Situationen der Krankheit oder des Verlustes tritt diese Denkweise besonders gern und mit Nachdruck hervor. Nicht selten machen wir uns sogar Vorwürfe: „Hätte ich mir doch gleich denken können, dass der mich nur ausnutzt!", „War doch klar, dass eine Frauenfreundschaft nicht hält", „Was habe ich mir dabei nur gedacht, nicht zum Arzt zu gehen!"

In solchen Momenten ist es wichtig, innerlich einen Schritt zurückzutreten und sich klarzumachen, dass niemand Dinge vorhersehen kann. Wir können uns aber entscheiden, womit wir uns aktiv in unserem Leben auseinandersetzen, wohin wir unsere Aufmerksamkeit lenken. Also können wir uns fragen:

→ Womit beschäftige ich mich?

→ Was ziehe ich in mein Leben?

→ Welchen Gedanken gebe ich Raum und wie kreiere ich damit meine Welt?

→ Gibt es andere Gedanken, die zu meiner Situation passen? Kann ich die Situation „anders denken“, eine neue, versöhnlichere, liebevollere Sichtweise einnehmen?

Die eigenen Gedankenmuster zu erkennen und Alternativen zu entwickeln, ist vor allem in Krisensituationen von besonderer Bedeutung. Ansonsten rutscht man in Momenten, in denen einem sowieso schon alles zu viel wird, leicht in eine negative Gedankenspirale, bei der die düsteren Gedanken immer dunkler werden und jegliche Hoffnungen im Keim ersticken.

Dies wirkt sich nicht nur massiv auf dein seelisches und körperliches Wohlbefinden aus – es kann auch dein Handeln maßgeblich beeinflussen: Während du sofort nach einer wackelnden Vase greifen würdest, die vor dir auf dem Tisch steht, um sie am Umfallen zu hindern, würdest du keinesfalls bis zum anderen Ende einer Turnhalle rennen, um eine dort ins Schwanken geratene Vase zu stabilisieren. Du wüsstest, dass du sie nie erreichen könntest.

Fühlst du dich ohnmächtig, dann birgt das Durchdenken einer Situation, die du nicht ändern kannst, die Gefahr der Gedankenspirale. Wenn du den Grübelzwang aufsteigen merkst, dann ist es wichtig, dir bewusst zu machen, dass es Dinge gibt, die du ändern kannst und Dinge, die du akzeptieren musst. Um hier wieder in ein ermächtigtes Gefühl zu kommen, ist es wichtig, dass du dir bewusst machst, dass du eine Wahl hast, wie du über die Dinge aus beiden Kategorien denkst und wie du damit umgehst. So bewegst du deinen Fokus weg von Untätigkeit und Hilflosigkeit zu Aufgaben, die du bewältigen und angehen kannst – du kommst in die Position, dass du etwas beitragen kannst zu deinem mentalen und körperlichen Wohlbefinden.

Schöne Gedanken – mache ich mir damit nur selbst etwas vor?

Wenn du dich mit positivem Denken befasst und dich infolgedessen auch mit verschiedenen Ansätzen und Techniken auseinandersetzt, kann es sein, dass dir Zweifel bezüglich mancher Ideen und Umsetzungen kommen.

Das kann sich auf ganz unterschiedliche Weise zeigen, etwa wie bei Nicole aus einem unserer Beispiele: Nicole hat mit einer eher negativen Grundeinstellung zum Leben zu kämpfen, die sich unter anderem in überkritischen, skeptischen und verneinenden Gedanken zeigt. Ihre Gedankenwelt ist darauf eingestellt, immer vom Schlechten auszugehen und verärgerte, zynische oder zweifelnde Gedanken scheinen sich wie von selbst einzustellen. Daher mögen ihr manche Ansätze des positiven Denkens vielleicht auf den ersten Blick erzwungen, ja eventuell sogar künstlich vorkommen.

Das ist absolut verständlich, denn sie ist andere Denkmuster gewöhnt und die Vorstellung, diese gewohnten Muster zu durchbrechen, kann äußerst bedrohlich sein – auch wenn Nicole weiß, dass ihr diese Gedanken sowohl physisch als auch psychisch nicht guttun und sie auch nicht förderlich für den Umgang mit anderen Menschen sind. Ihr gehen Menschen auf die Nerven, die auf Teufel komm raus in jede Krise etwas Gutes hineinzuinterpretieren versuchen. „Meine Arthritiserkrankung ist keine Gabe, um das, was ich habe, so richtig wertzuschätzen. Es ist schmerzhaft und schrecklich und ich hasse es jeden Tag!“ Es fühlt sich falsch an, wenn sie probiert, Affirmationen zu rezitieren wie „Ich bin vollkommen gesund und im Reinen mit mir selbst! Ich liebe meinen Körper!“ - ganz einfach, weil es nicht stimmt. Sie hat das Gefühl, bei einer solchen zwanghaft positiven Einstellung, ihre aktuelle Situation kleinzureden, nicht ernst genommen zu werden und nicht richtig gesehen zu werden – von sich und von anderen. Nicole hat keine Lust, weder sich noch andere anzulügen und deshalb erfüllen sie solche Äußerungen eher mit Unwillen und Frustration statt mit heiterer Gelassenheit.

Nicoles Kritikpunkte sind absolut angebracht. Wenn du deine Gedankenwelt erforschst und du verschiedene Techniken ausprobierst, um deine aktuelle Situation zu verbessern, dann solltest du deine ganz individuellen Grundvoraussetzungen und Bedürfnisse nie aus den Augen verlieren. Es ist von besonderer Wichtigkeit, immer authentisch zu sein im positiven Denken und das kann für jeden Menschen anders aussehen und sich auch immer wieder ändern. Manche Menschen motiviert die Herangehensweise des „Fake it till you make it“, also des so Tun, als ob, um eine erwünschte Struktur in das eigene Leben zu integrieren. Andere Menschen wiederum empfinden dann ein Gefühl von Widerspruch oder sogar Falschheit, was sich zudem hemmend oder negativ auf den eigenen Zustand auswirken kann.

Sabines Sorge vor dem Verlieren der eigenen Authentizität ist daher gar nicht mal so unbegründet. Es wäre für sie zudem auch ganz schrecklich, wenn die Außenwelt ihr positives Denken nun als angestrengt und künstlich wahrnehmen würde, weil es möglicherweise nicht zu ihrem sonstigen Verhalten passt.

Es ist eine gängige Herangehensweise, dass positives Denken und bedingungsloses Schönreden gleichgesetzt werden. Wer sein Leben aber nicht als rundherum perfekt empfindet - und ganz ehrlich, wer tut das schon - stößt dann schnell an seine Grenzen und kann den Eindruck gewinnen, ein Lügengerüst aufzubauen oder sich in das Land der Träumer und Heiße-Luft-Redner zu begeben.

Dabei geht es gar nicht darum, den realistischen Bezug auf die Welt und das, was in ihr passiert, zu verlieren. Keiner erwartet von dir, dass du jetzt 24 Stunden am Tag die rosarote Brille aufhast, jeden Misthaufen mit einem Schleifchen verzierst und dich wie ein Glückskäferchen auf Koffein gebärdest, das zu keinem normalen Gespräch mehr imstande ist.

Seine Denkmuster zu hinterfragen, zu analysieren und zu verbessern, hat keineswegs etwas mit Falschheit oder dem Unterdrücken von eigenen Anteilen zu tun. Die Denkmuster, die jetzt dein Leben bestimmen, hast du irgendwann entwickelt, teilweise übernommen, teilweise aufgedrängt bekommen, teilweise bewusst gewählt.

Nicole beispielsweise hat sich eine von vornherein negative Haltung angewöhnt, mit der sie sich vor unliebsamen Enttäuschungen schützen möchte. Leider hält diese Mauer aber nicht nur Negatives, sondern auch Positives ab, was so nicht in ihr Leben vordringen kann. Entscheidet sie sich daher, zwischen angebrachter Vorsicht und Kritik und überzogenem Schutzbedürfnis und unangemessener Abwehrhaltung zu unterscheiden und sich gedanklich für Neues zu öffnen, wird dies nicht nur ihr eigenes Empfinden verändern, sondern sich auch im Austausch mit ihrem Umfeld widerspiegeln.

Möglicherweise können nahestehende Personen etwas erstaunt reagieren, wenn du dich veränderst. Das wird dir immer wieder passieren, ganz gleich, ob du beginnst, dich fortzubilden oder dich gesünder zu ernähren. Das bedeutet aber keineswegs, dass du nun unauthentisch bist oder nicht mehr zu dir und deinen Überzeugungen stehst. Du hast einfach den Mut, dich weiterzuentwickeln, über deine eigenen, nun zu eng gesteckten Grenzen hinauszugehen und etwas Neues auszuprobieren.

Wenn du dabei mitunter mal über das Ziel hinausschießt und dir das Schönreden passieren sollte, ist das ganz normal und keine große Sache. Die wenigsten Menschen neigen dazu, zu optimistisch auf das Leben zu schauen, sondern das Gegenteil ist viel eher der Fall. Also mach dir bitte keine Sorgen, dass du da den Bezug zu dir verlieren könntest.

Es ist vollkommen normal, dass sich etwas Neues ungewohnt anfühlt. Das kennst du vielleicht, wenn du etwas Neues ausprobierst, etwa das frühe Aufstehen, wenn du bisher als Nachteule bekannt warst. „Wem mache ich hier was vor? Das ziehe ich doch keine drei Tage durch!?“ können ganz normale Gedanken sein, genau wie Kommentare von außen: „Du willst um zehn ins Bett? Bist du krank?“ Lass dich davon nicht verunsichern und leg deinen Fokus lieber darauf, wie du dich insgesamt mit einer positiveren Gedankenwelt fühlst. Welche Veränderungen bemerkst du in welchen Bereichen?

Wichtig ist es, wie bei allen Dingen, ein gesundes Mittelmaß zu finden und den realistischen Bezug zu der Umwelt und seinen eigenen Emotionen nicht zu verlieren. Das ist dann möglich, wenn du zwischen angebrachter Sorge und Kritik sowie kopfloser Panik und Katastrophisierungsfantasien unterscheiden lernst. Letztere sind wenig förderlich für dich und deine Liebsten, während Erstere zu einem bewussten Leben dazugehören und auch immer einen festen Platz in deinem Leben haben sollten, um dich vor Gefahren zu schützen und dich weiterentwickeln zu können.

Sabine landet mit ihren Gedanken leicht in einer Grübelfalle. Ihre Schwierigkeit mit dem positiven Denken ist die Angst davor, sich die Dinge schönzureden. Sie befürchtet, dass sie sich durch die verschiedenen Techniken dazu bringen könnte, das Schönreden von schlechten Situationen so gewissenhaft einzuüben, dass sie ihr instinktives Gespür für Probleme oder Schwierigkeiten verliert.

Sie weiß zwar, dass sie durch das ständige Wiederholen von alten Streitigkeiten oder unangenehmen Situationen nicht wirklich etwas an diesen ändern kann und die Gedanken ihrem Allgemeinbefinden nicht wirklich zuträglich sind – aber sie hat auch den Eindruck, dass das intensive Nachdenken darüber durchaus ihre Fähigkeit, Dinge einzuschätzen, verbessert hat. Sie hat Angst, dass sie durch eine zwanghaft positive Einstellung zum einen nicht mehr auf ihr Bauchgefühl hören wird, zum anderen, dass durch den Verzicht auf das Grübeln möglicherweise nicht alle Aspekte einer Situation bedacht werden können und sie dadurch höchstwahrscheinlich eine falsche Entscheidung trifft, jemandem unrecht tut oder sich vor anderen Menschen blamiert.

Sabines Sorgen sind völlig nachvollziehbar. Sie öffnet sich mit dem Ausbruch aus ihrer Grübelfalle zwar neue Wege – aber der althergebrachte, der zwar unangenehm, aber bekannt ist, bleibt ihr dadurch verwehrt. Die Sorge darüber, ob die neuen Wege sicher genug sind und sie nicht dazu verführen, Situationen falsch einzuschätzen und dadurch in unguten Mustern zu verharren, könnte sogar zu erneutem Grübeln führen.

Zerlegt sie die Erlebnisse nicht wie gewohnt (sie seziert sie normalerweise regelrecht), läuft sie auch Gefahr, etwas zu übersehen.

Positives Denken bedeutet allerdings nicht, dass Negatives nicht gesehen oder an der Realität vorbei gelebt wird. Es bedeutet auch nicht, dass die Verantwortung für sich und andere abgegeben wird, indem man einfach konsequent jedem Erlebnis den Stempel „positiv“ verpasst. Positives Denken soll keinesfalls dazu führen, dass du krampfhaft versuchst, jedes noch so herausfordernde Erlebnis in deinem Leben als absolutes Highlight zu betrachten. Wenn die Nachbarin unhöflich zu dir war oder dein Kind dich in einem Streit mit einem Wort verletzt hat, dann darfst du das durchaus als unhöflich und verletzend einstufen und dir auch die damit verbundenen Gefühle zugestehen.

Ein Schönreden von schädlichen und verletzenden Strukturen ist keinesfalls das Ziel des positiven Denkens – es geht vielmehr darum, dass bei einer realistischen Betrachtung der Gesamtsituation weiterhin eine förderliche Haltung eingenommen wird. Ja, die Nachbarin war unhöflich und das hat dich irritiert. Tauchst du jetzt wie Sabine in die Grübelfalle ab und holst alle Erinnerungen hoch, in denen es schon schwierig mit der Nachbarin war, gibst du dem Ganzen ein Gewicht, dass weder dir noch der Gesamtsituation zuträglich ist.

Es kann viele Gründe für das Verhalten der Nachbarin geben und nur, weil du dir etwas „zurechtdenkst“, muss dies nicht der Wahrheit entsprechen. Stattdessen kannst du das Ganze mit dem neuen, positiveren Gedankenmuster wahrnehmen, bemerken und dann angemessen einordnen.

Ist es nur eine kleine Unterbrechung deines ansonsten schönen Tages gewesen und sonst ist euer Kontakt positiv, dann kannst du so eine realistischere Einschätzung treffen und dich davor bewahren, gleich negativ zu reagieren, indem du schnippisch zu ihr bist oder dich selbst in anschließenden Gedankenschlaufen zerfleischst und herum analysierst, was du falsch gemacht haben könntest. Denn womöglich hat sich die Nachbarin nur eben eine Sekunde vor eurem Zusammentreffen den Zeh beim Müll rausbringen angeschlagen und ist deswegen so kurz angebunden und schroff gewesen.

Wurdest du sehr gekränkt oder kommt dir die Beziehung sehr belastet vor, kannst du das Gespräch suchen oder Grenzen aufzeigen. Es geht also, wie gesagt, überhaupt nicht darum, jedes Ereignis als gut oder großartig zu bewerten. Aber du kannst dein Gefühlsleben schonen, indem du dich von deinen berechtigten Emotionen nicht mehr überrollen lässt oder du diese durch Grübeln immer wieder hervorholst und dadurch den Raum versperrst für schöne Dinge, die in dein Leben treten könnten.

Du hast dadurch, dass du Gedanken nicht übermächtig werden lässt, die Chance, rational an Dinge heranzutreten und Entscheidungen bewusst und aktiv zu fällen. Dadurch kommst du aus der Rolle der einfach nur auf die Situation reagierenden Person heraus und übernimmst wieder die Kontrolle. Ja, du bist nicht verantwortlich für das Verhalten anderer Leute und es liegt auch nicht in deiner Verantwortung, über allem drüberzustehen – aber es liegt in deiner Verantwortung, wie du mit dem, was dir dein Leben präsentiert, umgehst. Und wenn du lernst, bewusst und überlegt damit umzugehen und dich von Grübeleien freizumachen, erreichst du ein neues Maß an Handlungsfreiheit und Gestaltungsoptionen, dass dir viele Türen öffnen und auch deinen Alltag und die Beziehungen mit anderen Menschen verbessern kann.

Die Sorge vor dem vermeintlichen Sicherheitsverlust

Geht es dir wiederum wie Katja, und du hast viele Zukunftsängste, kannst du Sorge haben, dass du durch das positive Denken dazu neigen könntest, das Gute zu überschätzen oder zu überzeichnen – und dadurch möglicherweise Gefahren zu übersehen.

Menschen mit einem hohen Sicherheitsbedürfnis verspüren oft die Sorge, ihre Augen nicht überall zu haben, nicht alle Eventualitäten durchdacht zu haben und nicht vorbereitet genug zu sein. Sich innerlich mit allen Eventualitäten beschäftigen und für jede Situation eine Lösung entwickeln, soll dabei helfen, diese Sorge zu mindern und das Bedürfnis nach Sicherheit zu stillen.

Katja hat zwar durch die Reaktionen ihrer Kinder und ihres Mannes bereits mehrfach rückgemeldet bekommen, dass dieses Verhalten überhaupt nicht das Sicherheitsempfinden dieser stärkt, sondern dass sie sich vielmehr eingeengt und überwacht, sogar bevormundet fühlen, aber trotzdem ist der Gedanke daran, dieses Sicherheitsverhalten aufzugeben, sehr unheimlich.

Was ist, wenn Katja dadurch eine Gefahrenquelle übersieht, die ihr, ihren Kindern oder ihrem Mann schaden könnte? Was ist, wenn es zu einem peinlichen Zwischenfall kommt, weil sie eine wichtige Veranstaltung vergisst? Was ist, wenn sie sich lächerlich macht bei der Arbeit, weil sie nicht alles genug durchdacht hat?

Und dann ist da auch noch die Sorge, arrogant oder überheblich nach außen zu wirken, wenn sie sich plötzlich ganz entspannt zurücklehnt und nicht mehr jedes Event mit 1.000 To-do-Listen und Gesprächen vorbereitet.

Auch hier kommt es wieder ganz auf dich und deine aktuelle Situation an. Noch mal: Ein verändertes Denkverhalten soll keine Vermeidungstaktik sein, bei der die eigene Verantwortung künstlich durch positives Denken abgegeben wird und man die Dinge einfach laufen lässt. Es geht allein darum, unnötige Gedankenspiralen zu beenden, bevor sie dich gefangen nehmen, überbordende Gefühle im Zaum zu halten und dir so mehr Luft zu verschaffen, um dich den Dingen zu widmen, die eigentlich wirklich wichtig für dich sind.

Wenn du dich in Eventualitäten verstrickst, die deiner Jüngsten bei der Schulfreizeit geschehen können, aber vermutlich niemals eintreffen werden, statt Zeit mit ihr zu verbringen, wenn sie da ist, dann hat keine von euch etwas dadurch gewonnen. Es ist absolut in Ordnung, gut vorbereitet sein zu wollen. Es ist absolut in Ordnung, wenn du eher ein ängstliches Naturell hast und du dich gern absichern möchtest. Aber kein Gedankenkarussell der Welt wird dir die absolute Sicherheit bieten können, ganz gleich, wie oft du etwas durchdenkst.

Das Leben passiert und du kannst dich vorbereiten, aber die Ereignisse oder das Verhalten anderer Leute kannst und wirst du damit nicht kontrollieren. Wenn du dies akzeptieren und annehmen kannst, hast du die Chance, dich dem zu widmen, was du beeinflussen kannst: Und das sind deine Gedanken, deine Einstellungen, deine Wortwahl und dein Verhalten.

Ganz gleich, ob du zu den Grüblern zählst, denen, die katastrophisieren oder ob deine Gesamteinstellung eher düster ist – wichtig ist immer, dass positives Denken nicht bedeutet, Negatives großzügig zu übersehen oder Dinge nicht anzusprechen oder zu vertuschen. Gemeint ist damit auch nicht, die Verantwortung abzugeben oder einfach in unangenehmen Situationen zu verharren und sie anschließend zu verklären, um Nichthandeln zu rechtfertigen.

All das ist positives Denken nicht. Du darfst gerne realistisch bleiben, auch kritisch, aber es geht darum, den eigenen Anteil der Bewertung beim Erleben einer Situation einzuschätzen und für dich zu nutzen. Das Leben wird sich dir mit all seinen schönen und weniger schönen Anteilen präsentieren und es liegt in deiner Hand, wie du damit umgehen wirst.

Menschen, die eine optimistische Haltung einzunehmen vermögen, können die Herausforderungen des Lebens nicht nur besser meistern, sie leiden auch weniger unter den weniger guten Zeiten. Hier wären wir beim Stichwort Resilienz:

Proaktiv werden, statt in der passiven Haltung zu verharren, die Initiative ergreifen, das ändern, was zu ändern ist und einen guten und gesunden Umgang lernen, mit Dingen, die aktuell nicht durch dich selbst beeinflussbar sind oder für die du noch etwas Geduld aufbringen musst.

Unterscheiden zwischen Schönreden und gesundem Optimismus

Wie aber kannst du nun am besten unterscheiden, ob du dich gerade im positiven Denken übst oder dir eher auf ungesunde Weise etwas vormachst oder womöglich sogar etwas verdrängen willst?

Zuallererst: Höre auf dein Bauchgefühl. Wenn du merkst, dass du dich bei einer bestimmten positiven Sichtweise nicht wohlfühlst (damit ist nicht das ungewohnte Gefühl gemeint, wenn du eine lang gehegte Einstellung änderst und dich zu Beginn damit schwertust) und sich Beklemmung, Unsicherheit oder Widerstand in deiner Magengrube bemerkbar machen – dann schau genauer hin.

Natürlich kann es bei jedem Menschen ganz unterschiedlich aussehen und manche Personen kultivieren ihren Optimismus aus vollstem Herzen und absolut unerschütterlich, sodass sie wirklich wie Natursonnenscheinchen daherkommen.

Dies kann zu Vergleichen führen und zu Nachahmung, obwohl diese intensive Form möglicherweise gar nicht zum eigenen Leben und zur eigenen Situation passt.

Wann immer du dein neues Mindset dazu nutzen willst, die Verantwortung abzugeben, frei nach dem Motto „Wenn ich nur passend denke, wird sich schon alles richten!“ oder „Wenn ich es nur positiv genug betrachte, ist es gar nicht mehr so schlimm!“, obwohl du merkst, dass da etwas total gegen deine innersten Werte und Überzeugungen geht, dann lohnt es sich, zu überprüfen, ob du einen bewussten Umgang mit deinen Gedanken nur vorschiebst, um dich nicht um deine Lebensplanung oder Herausforderungen zu kümmern oder um Konflikten aus dem Weg zu gehen.

Ein genaues Hinschauen ist auch angezeigt, wenn du damit beginnst, anderen Menschen oder dir selbst keine als negativ bewerteten Gefühle mehr zuzugestehen und sofort damit beginnst, die positiven Seiten daran aufzuzählen, statt die Trauer, Wut oder Verunsicherung deines Gegenübers oder deiner selbst mit auszuhalten.

In solchen Fällen kann es gut sein, dass du dich etwas im zwanghaft positiven Denken verloren hast, dass am eigentlichen Ziel dieses Umganges mit deinen Gedanken, nämlich dem bewussten und achtsamen Umgang, vorbeischießt.

Achte darauf, ob du dich selbst dafür verurteilst, wenn es dir nicht gelingt, dauerhaft eine hoch optimistische Haltung zu halten und ob du neidvoll auf andere mit sonnigerem Gemüt schaust. Ein krampfhaftes Festhalten an optimistischen Haltungen in jeder Lebenslage führt meist weniger dazu, dass du eine resiliente Basis aufbaust, sondern eher dazu, dass du panisch alles, was nach Negativität ausschaut, aus deinem Leben verbannen willst. Dies führt zum einen zu Frust, wenn du es nicht schaffst – denn auch diese Emotionen gehören zu einem Leben dazu und haben nichts mit

Willenskraft zu tun – und zum anderen zu vergeblichen Bemühungen und Vermeidungstaktiken, die körperlichen und mentalen Stress nach sich ziehen können.

Zudem solltest du dir immer wieder aktiv bewusst machen, dass du mit einer bewussten Denkweise nicht alles im Leben beeinflussen und kontrollieren kannst, sondern eben nur die Form, wie du auf Ereignisse reagierst und dein Leben lebst. Das ist eine ganze Menge, aber der Allmachtsanspruch, der mitunter in esoterischen Kreisen propagiert wird, greift einfach zu hoch und ist nicht zu erreichen.

Das ist ganz besonders wichtig für diejenigen, die ohnehin nur schwer mit Ambivalenz und Unsicherheit umgehen können. Diesen Aspekt des nicht einlösbaren Allmachtsanspruches oder Wunderdenkens, das jedes Leid heilen kann, solltest du dir bewusst machen, um dich nicht selbst mit zu hohen Ansprüchen ins Bockshorn zu jagen und dich nicht von anderen zu Unrecht für Dinge verantwortlich machen zu lassen, die du nicht beeinflussen kannst. Ja, du kannst entscheiden, wie du mit einer Kündigung oder Zurückweisung umgehst – die Kündigung oder Zurückweisung selbst kannst du allein durch eine positive Denkweise aber nicht beeinflussen.

Irgendwie ist es aber auch beruhigend, zu wissen, dass man nicht die Geschicke der Welt lenken kann und muss, oder? Stelle stattdessen die Entwicklung einer gewissen Kompetenz und den Ausbau deines Selbstvertrauens und deiner Eigeneinschätzung in den Vordergrund und freue dich daran, wie du so mehr Eigenverantwortung für dich und dein Lebensglück übernehmen kannst.

Wenn du unsicher bist, nutze einfach die kleine Checkliste, um zu überprüfen, ob du das positive Denken benutzt, um etwas schönzureden oder untätig zu bleiben:

- Glaube ich mir, was ich denke und sage?
- Stimmt das, was ich über die Situation denke und anderen erzähle, miteinander überein?

- Fühle ich mich bei den Gedanken wohl oder bemerke ich einen inneren Widerstand?
- Bemerke ich körperliche Symptome, wie etwa Magengrimmen, Kopfschmerzen, geballte Fäuste oder angespannte Schultern?
- Kommen mir mein Denken und Verhalten künstlich und erzwungen vor oder authentisch?
- Hilft mir das Denken in meinem Leben?

Und was ist mit den anderen?

Es scheint fast wie eine Mode: Nörgeln, lästern und jammern. „Ein gemeinsamer Feind verbindet wie nichts anderes“, „Wir sind die Weltmeister im Beklagen“, „Kleine Kinder, kleine Sorgen, große Kinder, große Sorgen!“

Sorgen machen ist „in“, ebenso wie der stetige Drang, sich zu analysieren und zu verbessern. Klatsch und Tratsch werden seit Ewigkeiten als gruppenstiftendes Element genutzt, bei dem einige Menschen in die Gruppe eingebunden, andere bewusst ausgeschlossen werden.

Nicole ist mit ihrer eher düsteren Grundeinstellung sicher schon ein paar Mal über das Ziel hinausgeschossen und sie bemerkt auch, dass in ihrem Team bei der Arbeit die Stimmung meist gedrückter ist, aber irgendwie machen ja auch immer alle mit und dann hat man wenigstens was zum Reden, was der Realität entspricht und macht sich nichts vor. Was würde das Kollegium sagen, wenn sie da plötzlich versucht, bewusst mit ihren Gedanken umzugehen?

Vielleicht ist dir diese Überlegung auch schon gekommen: Wie passt das nun mit deinem neuen Leben zusammen, in dem du deine Gedanken aktiv in eine für dich förderliche Richtung lenken möchtest?

Zunächst einmal kann es nützlich sein, deine bisherige Position bewusst nachzuvollziehen. Stelle dir dafür bitte die folgenden Fragen und versuche sie möglichst wertfrei zu beantworten:

- Welche Gedanken steigen in mir auf, wenn ich an meine Familie, meine Freunde, Kollegen oder Bekannten denke?
- Hege ich negative Gedanken, die ich nicht klar kommunizieren, ansprechen und so auflösen kann?
- Benutze ich Klatsch und Tratsch, um von mir und meinem Inneren abzulenken?
- Spreche ich über Dinge, mit denen ich mich privat nicht gedanklich auseinandersetzen würde, nur, um dazuzugehören?
- Oder nutze ich Klatsch und Tratsch, um die Aufmerksamkeit in einer Gruppe auf mich zu ziehen?
- Teile ich wirklich meine Gedanken, oder passe ich mich an, um nicht anzuecken?
- Lande ich im Gespräch mit meinen Liebsten immer wieder nur bei negativen Themen? Geraten wir regelmäßig ins Mosern, Hetzen oder Jammern oder teilen wir auch die Gedanken zu den schönen Seiten des Lebens?
- Habe ich Menschen, denen ich meine Gedanken unverblümt mitteilen kann?
- Befürchte ich eine Verurteilung durch mein Umfeld, wenn ich versuche, eine positivere Einstellung zu kultivieren?
- Sind meine Gedanken wirklich frei oder beschneide ich mich, was bestimmte Themen angeht, weil diese in meiner Familie oder meinem Bekanntenkreis ein Tabu sind?

Wie geht es dir, nachdem du dir diese Fragen gestellt hast? Häufig ahnen wir schon, dass wir eine kleine Schere im Kopf haben, die uns bestimmte Gedankengänge wie bei einer Zensur verbietet und abteilt, eben, weil das in unserem Umfeld so gehandhabt wird. Oder wir merken, dass wir mit unseren Freunden immer nur über all das Negative klagen, aber selten den Fokus auf

Gutes legen oder aktiv etwas dafür tun, dass sich unsere vermeintlich schlechte Situation verbessert.

Diese Erkenntnisse können zunächst schmerzhaft sein – wir alle kennen schließlich einen Miesmacher oder einen Spaßkiller. Diese Menschen scheinen aus allen Poren Negativität auszuströmen und nach dem Kontakt mit ihnen fühlt man sich ausgezehrt und matt. Niemand möchte auch nur annähernd für so einen freudlosen Gesprächspartner gehalten werden.

Aber betrachte diese radikale Selbstanalyse mal so: Sie bietet dir auch die Chance, von hier aus loszugehen in eine Richtung, die für dein Wohlbefinden zuträglicher ist.

Wie reagiert aber dein Umfeld, wenn du dich beim kollektiven Gejammere nicht mehr beteiligst? Wenn du beim Elternabend Lösungen vorschlägst, statt mit den anderen Eltern gemeinsam ins verbindende Gemecker einzufallen? Wenn du dich nicht davon abbringen lässt, deinen Fokus auf das Gute in deinem Leben zu richten?

Die Frage „Verliere ich dann Freunde?" kann eine berechtigte Sorge sein. Allerdings lohnt es sich, hinter die Fassade dieser Kontakte zu schauen: Verlierst du wirklich Freunde? Oder wird dadurch möglicherweise Raum frei für Menschen, die ebenfalls aktiv für das Gute in ihrem Leben arbeiten und einstehen und sich aus negativen Gedankenkarussellen und dem Meckermodus befreien möchten?

Gerade am Anfang, wenn du erst dabei bist, neue Gedankenmuster zu kultivieren und einzuüben, kann es schwer sein, alten Abläufen zu widerstehen. Achte daher insbesondere in dieser Zeit gut auf dich und auch darauf, mit wem du dich wann umgibst und wie sich dieser Umgang auf deine Stimmung und dein Energielevel auswirkt. Bist du nach dem Kontakt ausgeglichen und kraftvoll oder fühlst du dich erschöpft und leer?

Um dem entgegenzuwirken, darfst du bewusst deine neue Haltung und Einstellung einnehmen und diese auch nach außen vertreten. Du bist niemandem Rechenschaft schuldig, aber wenn dir danach ist, kannst du deinem Umfeld erklären, warum du dich fortan auf andere Gedanken fokussieren willst und sie vielleicht sogar um Unterstützung bitten oder sie einladen, mitzumachen, wenn du das Gefühl hast, dass eine gewisse Bereitschaft vorhanden ist. Bei Leuten, von denen du vermutest, dass sie sich ohnehin nur darüber lustig machen oder dir nur Fallstricke des unauthentischen positiven Denkens vorhalten werden, darfst du dich auch gerne mit Erklärungen zurückhalten und einfach dein Ding machen.

So bietest du keine Angriffsfläche und musst dich nicht zu Beginn deiner Reise verunsichern lassen, sondern kannst langsam in dein neues Leben hineinwachsen und dir all die Zeit der Welt nehmen, die es braucht. Zudem läufst du so nicht Gefahr, dass dir jeder kleine Fehltritt unter die Nase gehalten wird – Fehler sind schließlich menschlich. Sie sind ein Teil des Lernprozesses und nichts, wofür du dich schämen oder beschämt werden solltest.

Chancen für den Umgang mit anderen

Und wer weiß – vielleicht wirkt sich dein geändertes Verhalten ja auch richtig positiv aus? Möglicherweise fühlen sich ein paar Leute in deinem Umfeld davon angezogen, dass du einen positiveren, proaktiven Blickwinkel auf das Leben einnimmst, Dinge angehst, statt darüber zu jammern und dabei trotzdem nicht den Bezug zur Realität verlierst?!

Mal ehrlich: Redest du bei einem Event lieber mit einer Person, die interessante Themen anspricht, ihren Interessen nachgeht, sich und das Leben mag und wirklich etwas damit macht oder mit einer Person, die stets nur darüber klagt, wie hart die Welt ist, wie unfreundlich die Leute und wie übel ihr das Schicksal mitgespielt hat?

Eine einfache Frage, oder? Schließlich ist die Bezeichnung *Energievampire*, die einen emotional irgendwie immer nur runterziehen, schon seit Jahren ein fester Begriff in der Persönlichkeitsentwicklung. Und wie bereits nach der Anfangsanalyse festgestellt: Wer von uns möchte schon selbst gerne ein solcher Energieräuber sein, dessen Anwesenheit ein schales Gefühl bei dem Gegenüber hinterlässt?

Noch mal zur Sicherheit: Das heißt nicht, dass du nicht mehr über deine Sorgen und Nöte sprechen sollst. Das bedeutet auch nicht, dass du nicht ansprechen sollst, wenn dich etwas stört oder du Verbesserungsbedarf siehst. Und das bedeutet schon gar nicht, dass du nicht auch mal aus der Haut fahren, motzen oder so richtig alles loswerden darfst!

Das ist alles vollkommen legitim. Worum es geht, ist, einen gesunden Umgang mit negativen Gedanken zu finden, sie nicht aufzubauschen oder zum Dauerthema zu machen, das alles andere überschattet und keinen Raum für Leichtigkeit, Neues und Freiheit entstehen lässt.

Es mag ungewohnt sein, nicht über das Gejammere Gemeinsamkeit mit anderen zu schaffen und nicht überall wird es auf Anhieb klappen. Gewohnheiten abzulegen, fällt schließlich jedem Menschen schwer und anders als du haben sich deine Gesprächspartner den Umstand, wie deren Reden und Denken ihre Lage beeinflusst, vielleicht noch gar nicht bewusst gemacht. Du wirst sicherlich auch einige Rückschläge erleben.

Vielleicht tun Menschen deine Veränderungen als affig oder albern ab, vielleicht fühlen sie sich davon angegriffen, weil ihnen dadurch auffällt, wie viel sie selbst meckern. Möglicherweise fühlst du dich auch plötzlich ausgeschlossen, wenn im Team in der Pause nur gelästert wird und du mit keinem deiner Gesprächsvorschläge die Unterhaltung auf ein anderes Thema lenken kannst.

Aber es lohnt sich, auch dem eigenen Umfeld etwas Umgewöhnungszeit zuzugestehen! Möglicherweise lassen sich Leute von deinen neuen Denkweisen inspirieren oder mitreißen?

Statt mit deinen Freunden dann stundenlang darüber zu reden, was den Kindern alles passieren könnte oder wie unromantisch die Partner doch sind, könntet ihr dann gemeinsam Pläne schmieden, zusammen etwas Neues lernen oder euch anderweitig dabei unterstützen, eure Lebensträume in die Tat umzusetzen. Oder es wird einfach mal nur geblödelt und herumgealbert, gekichert und gelacht – ganz ohne Grund und Begrenzung! So könnt ihr euer Leben auf ganz neue Art bereichern und wenn es doch mal hart auf hart kommt, könnt ihr euch immer noch den ernsten Seiten des Lebens zuwenden.

Dein neues Denken und deine Familie

„Wenn du dir selbst eine Freude machen willst, dann denk an die Vorzüge deiner Mitmenschen.“

- Marc Aurel

Katja macht sich besonders im Umgang mit ihren Liebsten immer Sorgen: Davor, dass ihr Mann sie nicht mehr anziehend findet und sich anderweitig umschaut, davor, dass den Kindern etwas zustoßen könnte. Und diese Sorgen spiegeln sich auch in ihrem Umgangston wider. Die Kinder werden fortwährend ermahnt und dazu angehalten, auf sich aufzupassen, der Mann wird darum gebeten, sich doch regelmäßig zu melden und Katja immer wieder zu versichern, dass sie liebenswert ist und er sich für keine andere interessiert.

Gibt Katja diese zukunftsgerichteten Katastrophengedanken auf und somit auch das Nachfragen und Ermahnen, gibt sie ein Stück der vermeintlichen Kontrolle auf. Sie muss loslassen. Es ist ihr natürlich bewusst, dass sie mit dem stetigen Nachfragen eher für Unmut sorgt, aber irgendwie beruhigt es sie doch, weil sie etwas getan hat. Was ist nun aber, wenn sie das aufgibt? Was passiert dann?

Deine Beziehungen im engsten Familienkreis können ebenfalls ganz klar von einer veränderten Gedankenhaltung gewinnen: Herrscht zuhause eine gewisse Leichtigkeit statt dauerhaft gedrückter Stimmung, wirkt sich das massiv auf das Zusammenleben von allen Mitgliedern der Familie aus. So kann von ganz alleine die Bereitschaft wachsen, wieder aktiv miteinander Zeit zu verbringen, weil die Liebsten eben nicht befürchten müssen, einen Schwall von Sorgen oder Vorwürfen vor die Füße geworfen zu bekommen, sondern stattdessen Raum für ein abwechslungsreiches und buntes Familienleben entsteht.

Dies sorgt garantiert für frischen Wind im Kontakt zu deinen Kindern und auch zu deinem Lieblingsmenschen. Schließlich kannst du dich so wirklich auf sie und ihre Interessen, Wünsche und Erlebnisse konzentrieren, wenn du mit ihnen zusammen bist, statt dich in Sorgenspiralen zu verfangen. Zudem kannst du dein Leben außerhalb der Familie neu betrachten, eigene Interessen und Ideen ausbauen, Neues ausprobieren und den anderen so auch die nötige Mischung aus Nähe und Unabhängigkeit ermöglichen.

Außerdem bringst du deinen Nachwuchs nicht in die schwierige Position, sich keine eigenen Gedanken machen zu müssen, sondern unterstützt sie dabei, unabhängig zu werden. Wenn du deinen Kindern nicht immer das Denken abnimmst und alle Eventualitäten schon vorweg abklärst und löst, sind sie selbst gefordert und können die entsprechenden Kompetenzen entwickeln. Das ist immens wichtig, wenn sie zu mündigen Menschen heranwachsen sollen, die sich selbst für etwas entscheiden können. Du machst sie stark und hilfst ihnen dabei, sich auszuprobieren und auf ihre eigene Denk- und Urteilskraft zu vertrauen.

Auf diese Weise werden sie stabilere und resilientere Erwachsene, die sich nicht einfach blind den Entschlüssen einer Autoritätsfigur, wie einem Chef oder einem Arzt, unterordnen. Sie werden durch dich gelernt haben, dass sie sich eigene Gedanken machen dürfen, dass nicht alles Schwarz-Weiß ist und dass es vollkommen okay ist, wenn Menschen unterschiedliche Denkweisen haben und diese vertreten. Sie können so leichter Probleme lösen, die Vielfältigkeit ihrer Umgebung akzeptieren und sind besser vorbereitet, wenn sie selbst mal in Denkfallen hineintappen.

Der positive Effekt gilt übrigens auch dann, wenn deine Kinder noch ganz klein sind – denn wie du weißt, bekommen auch die Jüngsten schon extrem viel mit, oftmals mehr, als wir Erwachsenen denken und noch immer lernen die Kleinen über Nachahmung. Wenn dein Nachwuchs also erlebt, dass du das selbständige Denken bereits bei ihnen dem Alter angemessen förderst, genau wie bei den großen Geschwistern, dann wissen sie, dass ihre Gedanken zählen, wertvoll sind und dass es sich lohnt, sich mit den eigenen Gedanken auseinanderzusetzen.

Wenn du dann noch ein Bewusstsein für mögliche Gedankenfallen weckst und ihnen auf altersgerechte Art und Weise zeigst, wie sie beispielsweise ein Generalisieren oder Katastrophisieren erkennen und in die richtige Bahn lenken können, dann bringst du ihnen ein Skill-Set bei, dass ihnen ihr ganzes Leben lang nützlich sein wird.

Vielleicht möchtest du dir ein paar Fragen stellen, wie du als Elternteil mit den Gedanken deiner Kinder umgehst.

- Hörst du zu, wenn dein Nachwuchs seine Gedanken mit dir besprechen möchte?
- Negierst du die Gedanken deiner Kinder des Öfteren mit Sätzen wie „Denk doch nicht so einen Unsinn“, „So einen Schmarrn brauchst du aber nicht zu denken“?
- Gibt es Tabuthemen, über die die Kinder nicht nachdenken sollen?
- Sagst du manchmal Sätze wie „Da zerbrich dir mal nicht deinen Kopf drüber“?
- Nimmst du die Gedanken deiner Kinder ernst oder sprichst du den Wert der Gedanken manchmal aufgrund des Alters ab? „Da kannst du dir Gedanken drüber ma-

chen, wenn du groß bist", „Das hat dich noch nicht zu interessieren", „Das ist ein Thema für die Großen!"

Wenn du möchtest, kannst du auch das aktive Gespräch mit deinem Nachwuchs suchen und ihm ein paar Fragen stellen. Du solltest natürlich darauf achten, dass die Fragen entsprechend des Entwicklungszustandes deines Kindes formuliert sind.

Auch die Beziehung zum Partner profitiert von einer veränderten Gedankenhaltung, die nicht von Sorge und Kontrollverhalten überschattet wird. „Absence makes the heart grow fonder" ist zwar nicht unbedingt eine immer gültige Regel, aber in den meisten Fällen profitieren romantische Beziehungen sehr davon, wenn der eine Teil sich nicht nur auf den anderen konzentriert. Fokussierst du dich mehr auf dich selbst, ist das nicht egoman oder eine Vernachlässigung deiner ehelichen Pflichten! Du bist Teil eines Paares, aber du bist auch eine eigenständige Person, die für ihr Handeln und ihr Glück selbst verantwortlich ist.

Kannst du diese Gedanken kultivieren und dafür viele nicht förderliche Gedanken loslassen, wird dadurch Platz geschaffen für Selbstständigkeit und Positivität in eurer Beziehung. Du bist nicht mehr abhängig von deinem Herzensmenschen, sondern kannst selbst für dich sorgen und die gemeinsame Zeit dann als schönen Bonus sehen und auch entsprechend gestalten.

Das gilt übrigens gleichermaßen für den Part in dir, der sich gerne einen Kopf für andere macht. Wenn dein Lieblingsmensch dir bisher manches Mal genervt vorgehalten hat, du solltest dir nicht seinen Kopf zerbrechen, dann versuche mal, seine Position einzunehmen: Sicherlich bekommt er mit, dass du es gut meinst, aber er ist ebenfalls ein eigenständiger Mensch, der für sich selbst verantwortlich ist.

Natürlich ist es schön, wenn man ein Auge aufeinander hat, aber wenn du immer schon für den anderen mitdenkst, kann dieser kaum sein Eigenes zeigen und du nimmst euch so die Möglichkeit, dass er dich überraschen kann.

Die Gefahr, dass sich dein Gegenüber dadurch eingeengt, im schlimmsten Fall sogar verkindlicht fühlt, ist leider ziemlich groß, selbst wenn du nur das Beste für alle möchtest. Spielen immer wieder die Handlungen deines Herzensmenschen eine Rolle in deinen Gedankenschleifen, die Sorge, dass er oder sie sich schaden, dich betrügen, sich falsch verhalten könnte, kann es sein, dass dein Gegenüber dies nicht als Sorge um ihn und die Beziehung erlebt, sondern er sich nicht als erwachsene Person wahrgenommen fühlt. Es könnte auch der Eindruck entstehen, dass du ihm nicht traust oder für möglich hältst, dass er dir schadet.

Welchen Eindruck würde es auf dich machen, wenn dich immer wieder jemand, den du liebst, mit solchen Gedanken konfrontiert? Natürlich ist es vollkommen valide, dass du diese Gedanken mit der anderen Person teilen willst, aber sie werden in der Masse möglicherweise belastend für die Person sein, sie verunsichern oder sie dazu bringen, sich von dir zu distanzieren, weil es sie traurig macht oder verletzt, dass dir solche Gedanken zu ihr kommen.

Übrigens – während der Partner, die Partnerin diese Informationen möglicherweise trotzdem noch ganz gut einordnen kann, können die eigenen Kinder (je nach Alter) deutlich mehr Schwierigkeiten damit haben. Formulierst du immer wieder, welche Sorgen und Gedanken du dir machst und sind alle diese von Ängsten und Zweifeln geprägt, kann es leicht geschehen, dass dein Kind nicht nur die mütterliche Sorge darin erkennt, sondern daraus ableitet: Mama muss sich immer sorgen, wenn ich etwas allein unternehme, Sport treibe, mit Freunden unterwegs bin – scheinbar kann ich das nicht/bin ich zu ungeschickt/kann ich nicht gut auf mich aufpassen. Das Entwickeln von Vertrauen in die eigenen Kräfte wird dadurch mitunter sehr erschwert und der Kreislauf, dass dein Nachwuchs ungesunde Gedankenmuster übernimmt, die ihn belasten und kleinhalten, so wie du sie vielleicht von deinen Eltern übernommen hast (auch wenn sie nur dein Bestes wollten), setzt sich weiter fort.

Bist du bereit, aktiv neue Gedankenmuster zu etablieren, in denen dein Herzensmensch selbst verantwortlich ist für sich und sein Verhalten, signalisiert du nach außen, dass du ihm oder ihr zutraust, eigene Entscheidungen treffen und deren Auswirkungen abschätzen zu können. Gestattest du deinen Kindern Raum für ihre persönliche Entwicklung, auch wenn das für dich bedeutet, loszulassen, dann zeigst du ihnen, dass du ihnen und ihren Fähigkeiten und Fertigkeiten vertraust – natürlich in altersgerechten Dosen.

Wichtig ist, dass du dich nicht in unnötigen Gedanken verstrickst. Du kannst deine Mitmenschen und ihre Reaktionen nicht kontrollieren – und willst es vermutlich auch gar nicht. Du kannst nicht jede Enttäuschung von ihnen fernhalten und von dir leider auch nicht – und das musst du auch nicht. Du musst nicht jede Eventualität schon durchdacht haben, um eine gute Mutter, Ehefrau oder Freundin zu sein. Es ist fantastisch, wenn du achtsam und aufmerksam bist, aber machst du dir zu viele Gedanken, schlägt die ganze Situation eben rasch um.

Wichtig ist daher, dass du es den Menschen selbst überlässt, wie sie wohl auf dein verändertes Denken reagieren werden. Machst du dir zu viele Gedanken und rutschst in eine der bekannten Grübelfallen hinein, wie beispielsweise in die Schwarzmalerei, das Schwarz-Weiß-Denken oder das Wahrsage-Denken, dann weißt du immer noch nicht, was die Leute wirklich denken, aber du belastest dich nur unnötig.

„Andere mal machen zu lassen" ist nicht leicht. Vor allem, wenn du es gewohnt bist, dich um jede Befindlichkeit der anderen zu kümmern und schon vorab dafür zu sorgen versuchst, dass erst gar keine Missstimmung aufkommen kann – aber traue deinem Umfeld ruhig etwas zu und halte dich zur Not mit einem kleinen Spruch in der Spur, etwa mit dieser Aussage von Antoine de Saint-Exupéry:

„Denn der Raum des Geistes, dort wo er seine Flügel öffnen kann, das ist die Stille.“

Lass dich einfach davon überraschen, wie die Menschen auf dich reagieren, wenn du dich ihnen positiv, zuversichtlich und selbstbestimmt zeigst und Vertrauen in das Gute und deine eigenen Fähigkeiten ausstrahlst – und auch in das Gute und die Fähigkeiten deiner Liebsten! Du wirst es sicherlich nicht bereuen!

Abschluss und Ausblick

Du bist jetzt am Ende dieses Buches angelangt – aber dein Weg in ein Leben mit gesunden und förderlichen Denkmustern startet jetzt erst richtig. Erinnerst du dich noch an das Schaubild, das du in dem Kapitel *Entdecke deine innere Welt* ausgefüllt hast? Dabei ging es darum, dass du dir bewusst machst, in welchen Bereichen deines Lebens welche Gedanken zentral sind, ob du ihnen also gedanklich eher positiv, negativ oder neutral begegnest und auch darum, um herauszufinden, welche Themenbereiche dich in deinem Alltag besonders bewegen und dich gedanklich beschäftigen.

Dazu solltest du in die einzelnen Felder, die jeweils für einen Bereich deines Lebens stehen, etwa 2 bis 3 Gedanken eintragen, die üblicherweise in dir aufkommen, wenn du an diesen Bereich denkst. Ferner solltest du den Bereich farblich ausmalen: Gelb war vorgeschlagen, wenn du mit dem Bereich überwiegend positive Gedanken verbindest, Blau, wenn die Gedanken neutral sind und Braun, wenn du eher negative Gedanken damit assoziierst.

Bitte nimm dir auch jetzt am Ende der Lektüre dieses Buches ein paar Minuten, um das Schaubild erneut auszufüllen. Lasse die Gedanken wieder frei fließen und greife instinktiv zu den Farben, ohne dich zu zensieren. Das Gleiche gilt für die Sätze, die in dir aufsteigen. Wenn du möchtest, kannst du nun auch ein, zwei Emotionen hinzuschreiben, die du mit den Gedanken an diesen Themenbereich verbindest.

Wie bereits erwähnt, kannst du die Farben beim Ausmalen der Felder natürlich auch ändern, wenn du die Begriffe neutral, positiv und negativ mit anderen Farbtönen verbindest. Greife einfach zu der Farbeinteilung, die du auch zu Beginn dieses Buches genutzt hast, um eine mögliche Veränderung klar erkennen zu können.

Freundschaften	Berufsleben	Lernen/eigene Entwicklung
Familie	Alltag	Zukunft
Spiritualität/Glaube	Gesundheit	Vergangenheit

Halte, genau wie beim ersten Mal, nach dem Ausfüllen einen kleinen Moment inne, um nachzuspüren. Dabei sollen dir wieder die folgenden Fragen helfen:

- Wie sieht dein Schaubild jetzt am Ende der Lektüre des Buches aus?
- Welche Farben überwiegen nun in deinem Schaubild?
- Hat sich der Gesamteindruck deiner Tabelle geändert?

- Überrascht dich das neue Ergebnis?
- Falls es vorher nicht der Fall war: Stimmt das Schaubild mit dem Bild, das du von dir selbst hast, jetzt überein?
- Passt es besser zu dem Bild, das du deinen Mitmenschen nach außen präsentierst?
- Wie fühlst du dich, wenn du dein Schaubild fertig ausgefüllt vor dir siehst?
- Bemerkst du irgendwelche körperlichen Veränderungen? Kannst du benennen, ob und wie sich etwas in deinem Körper regt, wenn du das Schaubild betrachtest?

Falls du positive Veränderungen in deinem Schaubild feststellen kannst, darfst du dir von ganzem Herzen dazu gratulieren. Das Arbeiten an den eigenen Gedankenmustern ist eine herausfordernde und langwierige Aufgabe, die sich aber auf so vielfältige Weise positiv auf dich, dein Sprechen, Handeln und Interagieren mit dir und deinem Umfeld auswirken kann.

Sei daher bitte mehr als verständnisvoll mit dir, wenn du bisher noch keine nennenswerten Veränderungen bemerken kannst. Versuche stattdessen, dieses Schaubild genau wie zu Beginn des Prozesses als Teil deiner momentanen Verfassung zu sehen. Du hast in diesem Buch viel Hintergrundwissen rund um das Thema Denken und Gedankenmuster sammeln und sicher schon einige Methoden ausprobieren können, die dir dabei helfen, unerwünschte Denkmuster durch sinnvollere zu ersetzen.

Aber eine dauerhafte Änderung braucht Zeit und Geduld und ein gutes Durchhaltevermögen. Gratuliere dir dafür, dass du am Ball bleibst und auch in schwierigen Zeiten nicht aufgibst, sondern Rückschläge als solche akzeptierst und weiter den für dich richtigen Weg gehst.

Du hast nun auch gelernt, dass nicht jede Technik für jeden Menschen funktioniert und kannst im Laufe der Zeit ausprobieren, welche von den in diesem Buch vorgestellten Methoden dir in welchen Momenten guttut. Sicherlich kannst du somit auch immer besser für dich herausfinden, wann welche Themen gedanklich einen großen Raum bei dir einnehmen, wie du am besten darauf reagierst und was das für dich bedeutet.

Das gilt auch, wenn bisher alles gut gelaufen ist und du in der Zukunft an einen Punkt kommst, an dem es nicht mehr vorwärtszugehen scheint und du in alte Denkmuster zurückzufallen drohst. Das ist ganz natürlich und bedeutet keinesfalls, dass deine bisher investierte Arbeit nicht gut genug ist oder du dich nicht genug engagiert hast. Keinesfalls!

Stelle dir das Ganze am besten vor wie bei einer Person, die das Rauchen aufgegeben hat. Wenn sie unter sehr hohen Stress gerät, kann es sein, dass alte Muster greifen, und sie dem Stress aus alter Gewohnheit mit einer Zigarette begegnen will. Genauso, wie diese Person wachsam sein muss, um nicht in alte Verhaltensmuster zu rutschen, darfst du in Krisensituationen ein Extra an Fürsorge und Achtsamkeit auf deine Gedankensprache lenken: Bauen sich da wieder Verallgemeinerungen ein? Machen sich Katastrophengedanken breit oder wirst du barsch im Umgangston mit dir selbst?

Dann darfst du dir erlauben, davon zurückzutreten und wieder auf deinen neuen Pfad zu gehen, der sich um konstruktive Gedanken dreht.

Keine Sorge, du wirst keinesfalls wieder bei null anfangen müssen, wenn sich doch mal wieder alte Gedankenmuster an die Oberfläche drängen – sofern du darauf achtest, diese Gedankenwege nicht erneut zu beschreiten, sondern konsequent den neuen Pfad entlanggehst und dich somit weiterhin darauf trainierst, deine Gedanken zu pflegen.

Wenn du dich überfordert vom Leben fühlst, versuche, dir etwas mehr Raum zum Denken zu geben und Klarheit in deinen Alltag zu lassen. Mache weniger und dafür bewusster. Das kann schon maßgeblich dazu beitragen, einen aufgekratzten Kopf zu beruhigen und wilde Gedanken etwas abzukühlen.

Somit gibst du dir die Möglichkeit, dein Leben zu genießen, das, was du hast wertzuschätzen, Krisen realistisch einzuschätzen, ihnen durchdacht und sinnvoll zu begegnen und deine Gedankenkraft für die Personen und Dinge einzusetzen, die dir persönlich besonders wichtig sind.

Statt dich in Sorgen um die Zukunft oder in Reuegedanken aufgrund der Vergangenheit zu verlieren, kannst du dein Leben im Hier und Jetzt bewusst erleben und wahrnehmen, deine Ideen in Pläne verwandeln und umsetzen, deine Beziehungen mit aller Achtsamkeit und Liebe pflegen und dich selbst verwirklichen.

Vielleicht hast du wie Nicole gelernt, Vergangenes als Information und Erinnerung anzuerkennen, aber auch in der Vergangenheit ruhen zu lassen und dir nicht deine wertvolle Zeit durch unnötige Grübelstunden rauben zu lassen, sondern dich stattdessen aktiv für das einzusetzen, was dir wichtig ist und dich und dein Dasein erfüllt.

Vielleicht hast du auch wie Katja gelernt, dich nicht mehr in Katastrophengedanken bezüglich der Zukunft zu verlieren und diese gelassen auf dich zukommen zu lassen, in dem guten Gewissen, dass du bestens vorbereitet bist, aber einfach auch nicht alles kontrollieren und wissen kannst.

Oder du beginnst wie Sabine ganz vorsichtig damit, deine Sicherheitsmechanismen abzulegen und eine optimistischere Denkweise zuzulassen, in der mehr Raum für Zuversicht und Zuneigung ist und deinem Leben mehr Farben zuzugestehen, als nur ein einfaches Schwarz und Weiß?

Was auch immer deine Aufgabe ist, wenn du dich negativen Gedankenmustern stellst, mit den Techniken und Ritualen, die du nun in deinem Werkzeugkoffer hast, bist du bestens ausgerüstet, um dich der Herausforderung zu stellen und ein zufriedenes und erfülltes Leben mit deinen neuen, veränderten Gedankenmustern zu genießen – voller Tatendrang und Lebensfreude!

Sicherlich wird es Tage geben, an denen deine alten Denkmuster bei dir anklopfen und sich vielleicht auch mal wieder in den Vordergrund drängen werden. Aber du weißt nun, wie du sie erkennen kannst, warum du sie nicht mehr in deinem Leben haben möchtest und wie du mit ihnen umgehen kannst. Dieses Warum ist wirklich wichtig, denn wie du bereits weißt, haben die alten Muster einen Zweck erfüllt, sie haben die scheinbare Sicherheit vermittelt. Diese aufzugeben und zu erkennen, dass diese Sicherheit nur eine Form der Illusion war, ist ein wirklich herausfordernder Schritt, der viel Mut erfordert und anstrengend ist. Daher ist es vollkommen normal, dass du hin und wieder aus dem Tritt gerätst oder einfach auch mal keinen Nerv hast, auf deine Gedanken zu achten.

Aber du weißt mittlerweile, dass Gedankenpflege genauso wichtig ist wie Körperpflege und andere Formen von Self-Care und maßgeblich dazu beiträgt, wie es dir körperlich und geistig geht. Diese Arbeit, die deine Gedankenpflege bedeutet, ist eine direkte Investition in dein physisches und psychisches Wohlbefinden. Sie kann sich positiv auf deine Arbeit, deine Freundschaften, deinen Alltag als Elternteil und als Partnerin auswirken und noch auf so vielen weiteren Ebenen in deinem Leben Früchte tragen – etwa auf der kreativen Ebene, der spirituellen oder auch der intellektuellen.

Sei neugierig auf das, was möglich ist. Probiere dich aus. Erlaube dir Fehltritte und erfreue dich an dem, was bereits gut funktioniert.

Mit den Worten Buddhas kannst du jetzt in dein neues bewusstes Leben hinausgehen:

„Wir sind was wir denken. Alles, was wir sind, entsteht aus unseren Gedanken. Mit unseren Gedanken formen wir die Welt.“

Geschenk #1 - Zitatesammlung

Vielen Dank noch einmal für den Erwerb dieses Buches. Als zusätzliches Dankeschön erhältst du von mir **zwei E-Books**, als Bonus, und völlig gratis.

Das erste Bonusheft beinhaltet eine Sammlung an schönen, motivierenden und Mut machenden kleinen Geschichten und Zitaten, die dich auf deinem täglichen Weg zu einem erfüllten Leben begleiten können. Finde darin deine Lieblingszitate, die du dir immer wieder als kleine Erinnerungen, Richtungsweiser und Mutmacher zur Hand nehmen kannst.

Du kannst das Bonusheft folgendermaßen erhalten:

Öffne ein Browserfenster auf deinem Computer oder Smartphone und gib Folgendes ein:

stefanielorenz.com/bonus1

Du wirst dann automatisch auf die Download-Seite weitergeleitet.

Bitte beachte, dass dieses Bonusheft nur für eine begrenzte Zeit zum Download zur Verfügung steht.

Alternativ kannst du auch diesen QR-Code einscannen:

Geschenk #2 - Entspannung im Alltag

In diesem zweiten Bonusheft findest du verschiedene Entspannungsmethoden, Meditationsideen und Affirmationen, die dich darin unterstützen können, wieder zu dir selbst zu finden. Mit diesen Methoden kannst du neue Kraft tanken, dich auf deine eigenen Stärken besinnen und aus dem Hamsterrad deiner Gedanken und den Anforderungen von außen aussteigen.

Öffne ein Browserfenster auf deinem Computer oder Smartphone und gib Folgendes ein:

stefanielorenz.com/bonus2

Du wirst dann automatisch auf die Download-Seite weitergeleitet.

Bitte beachte, dass dieses Bonusheft nur für eine begrenzte Zeit zum Download zur Verfügung steht.

Alternativ kannst du auch diesen QR-Code einscannen:

Eine kleine Bitte

Liebe Leserin,

lieber Leser,

nun sind wir am Ende dieses Buches angelangt. Ich hoffe sehr, dass ich dir weiterhelfen und positive Veränderungen in dein Leben bringen konnte.

Als Autorin ist es mir sehr wichtig, Bücher zu schreiben, die Menschen wirklich helfen. Konstruktives Feedback meiner Leserinnen und Leser hilft mir am meisten dabei meine Werke immer weiter zu verbessern.

Falls du mir also persönliches Feedback oder Verbesserungsvorschläge zum Inhalt geben möchtest, dann schreibe mir gerne unter info@stefanielorenz.com. Ich freue mich über jede E-Mail und werde zeitnahe antworten.

Für den Fall, dass dir mein Buch wirklich geholfen hat und du sonst keine Fragen hast, dann würde ich mich freuen, wenn du eine positive Rezension für mein Buch auf Amazon hinterlassen kannst. Es dauert wirklich nur wenige Sekunden und du hilfst anderen Menschen und mir ungemein.

Ich weiß all deine Liebe und Unterstützung wirklich zu schätzen.

Falls noch Fragen offen sind, einfach bei mir melden!
Stefanie

Quellen und weiterführende Literatur

Bellebaum, A., & Barheier, K. (1997). *Glücksvorstellungen: Ein Rückgriff in die Geschichte der Soziologie (German Edition)*. VS Verlag für Sozialwissenschaften.

Boersch, C., & Dienst, V. F. (2006). *Das Summa Summarum des Erfolgs: Die 25 wichtigsten Werke für Motivation, Effektivität und persönlichen Erfolg*. Gabler Verlag.

Daniels, P. (2018). *Du bist, was du denkst: Der Verstand und wie man ihn bei Laune hält*. NG Buchverlag GmbH.

Dawid, J. (2021). *Ihr macht euch zu viele Gedanken? Therapeutin erklärt, wie ihr aufhört*. Business Insider. https://www.businessinsider.de/leben/selbstoptimierung/wie-man-aufhoert-sich-gedanken-zu-machen-laut-therapeutin-r3/

Ellis, A. (2006). *Training der Gefühle: Wie Sie sich hartnäckig weigern, unglücklich zu sein*. Redline.

Enkelmann, N., & Enkelmann, C. E. (2011). *Die große Macht der Motivation*. Linde.

Feierabend, A. (2013). Selbstwertgefühl ist ansteckend. *HR Today: Das Schweizer Human Resource Management-Journal.* Published.

Forsyth, J. P., & Eifert, G. H. (2008). *The Mindfulness and Acceptance Workbook for Anxiety: A Guide to Breaking Free from Anxiety, Phobias, and Worry Using Acceptance and Commitment Therapy.* New Harbinger Publications.

Frieling, I. (2014). *Vorurteile: Was ist wirklich typisch Frau?* NWZonline. https://www.nwzonline.de/panorama/was-ist-wirklich-typisch-frau_a_13,6,720047830.html

Fronsdal, G. (2006). *The Dhammapada: A New Translation of the Buddhist Classic with Annotations.* Shambhala.

Funke, J. (2019). *Denken – Dorsch - Lexikon der Psychologie.* Dorsche. https://dorsch.hogrefe.com/stichwort/denken

Germer, C. (2012). *Der achtsame Weg zur Selbstliebe.* Arbor Verlag.

Grün, A. (2019). *Einreden: Der Umgang mit den Gedanken (Münsterschwarzacher Kleinschriften) (German Edition).* Vier-Türme-Verlag.

Havener, T., & Spitzbart, M. (2010). *Denken Sie nicht an einen blauen Elefanten!: Die Macht der Gedanken.* Rowohlt Taschenbuch.

Hay, L. (2014). *Du bist dein Heiler!: Stärkende Gedanken für jeden Tag.* Ullstein Taschenbuchvlg.

Heller, J. *Denkfallen vermeiden.* Prof. Jutta Heller. https://juttaheller.de/resilienz/resilienz-abc/denkfallen-vermeiden/

Hemmings, J., Collin, C., Ganz, G. J., Lazyan, M., & Black, A. (2019). *Psychologie im Alltag: Wie wir denken, fühlen und handeln.* Dorling Kindersley Verlag.

Hoge, L., & Schutz, A. (2007). *Positives Denken: Vorteile - Risiken - Alternativen (German Edition).* Kohlhammer.

Loew, T. (2019). *Langsamer atmen, besser leben.* Psychosozial Verlag.

Mai, J. (2021). *Denkfehler: Wie uns das Unterbewusstsein beeinflusst.* karrierebibel.de. https://karrierebibel.de/denkfehler/

Richter, F. (2015). *Schluss mit dem Spagat: Wie Sie aufhören, sich zwischen Familie und Beruf zu zerreißen - Die Erfolgsmethode simple present.* Südwest Verlag.

Scheunpflug, A. (2015). Selbstwertgefühl, Interesse und Motivation: Die Förderung von Kompetenzen jenseits der Fachlichkeit. *Jahrbuch Schulleitung 2015.* Published.

Schramm, S., & Wüstenhagen, C. (2014). *Das Alphabet des Denkens: Wie Sprache unsere Gedanken und Gefühle prägt.* Rowohlt Verlag GmbH.

Staber, D. (2020). *Die Macht der Gedanken: So kann sie dich positiv beeinflussen.* Utopia.de. https://utopia.de/ratgeber/die-macht-der-gedanken-so-kann-sie-dich-positiv-beeinflussen/

Stangl, W. (2021). *Gedanken – Online Lexikon für Psychologie und Pädagogik.* lexikon.stangl.eu. https://lexikon.stangl.eu/21013/gedanken

Tenzer, F. (2018). *Die Macht deiner Gedanken: Der einfache Weg zu deinem Traumleben (German Edition).* Books on Demand.

Vogler, A. (2019). *Positives Denken: Durch mehr Selbstvertrauen glücklich leben.* neobooks.

Yesil, N. A. (2019). *Knack Dein Gehirn für Deinen Erfolg!* Springer.

www.ingramcontent.com/pod-product-compliance
Lightning Source LLC
LaVergne TN
LVHW052335240826
846485LV00004B/46